KB058031

일 잘하는
사람으로 보이는

숫자력

성장하는
직장인의
공부법

일 잘하는 사람으로 보이는 숫자력

고미야 가즈요시 지음 | 정윤아 옮김

비전코리아

'숫자력이 뭐지?'

'숫자에 강해진다는 뜻인가?'

막연하게 이런 의문을 가지고 이 책을 집어 든 독자가 많을 것이다.

그러나 이 책에서 생각하는 '숫자력'을 위해서는 다음 3가지를 습관으로 삼는 것부터 시작해야 한다.

1. 파악 능력: 전체적인 모습을 파악하는 힘
2. 구체화 능력: 사물을 구체적으로 생각하는 힘(발상 능력으로도 연결된다.)
3. 목표달성 능력: 목표를 달성하는 힘

고층빌딩과 주상복합 아파트를 보며 당신은 단순히 '높은 건물이 있다'라고 생각하는가? 아니면 '○층쯤 될 것 같은데' 하면서 당장 층수를 세고 싶어지는가?

두말할 것 없이 '높다' 혹은 '낮다'가 아닌 '○층짜리 건물'이라고 표현하는 것은 두 번째 숫자력인 '구체화 능력'에 속한다. 이것은 '△△동에 있는 □□빌딩보다 ○층 더 높다'와 같이 다음 발상으로도 이어질 수 있다.

한편, 고층빌딩이 새롭게 들어서고 있는 도쿄의 해안지역을 보면서 "초등학교나 유치원, 어린이집이 부족하지 않을까?" 염려되기도 한다. '구체화 능력'이 '발상 능력'으로 연결된다고 말한 것은 이런 이유 때문이다.

그리고 기업의 매출이나 시험점수가 예상에 미치지 못했을 때 "조금 부족했다"가 아니라 "○점 더 맞을 수 있었다"는 식으로 반드시 숫자를 넣어 표현하는 것도 '구체화 능력'에 속한다.

표현방식을 바꿈으로써 앞으로 어떤 점에서의 숫자를 높여야 하는지를 알 수 있을 뿐만 아니라 행동으로 옮길 때도 막연히 "열심히 하자"보다는 목표를 훨씬 더 구체화하기가 쉬워진다. 그 결과 구체화하기 이전보다는 목표를 달성할 확률이 현저하게 높아진다.

다시 말해 '구체화 능력'에 의해 '숫자력'을 익히게 되고, '숫자력'으로 얻어지는 또 한 가지 성과인 '목표달성 능력'도 향상된다.

숫자를 사용해 표현을 구체화하다 보면 '설득력'도 높아진다. 나는 업무상 도카이도東海道(도쿄~쿄토 노선 – 옮긴이) 신칸센을 자주 이용하는데, 아타미熱海 역과 오다와라小田原 역 사이의 구간은 거의 터널이다.

그 터널을 지날 때 일반적으로 "아타미와 오다와라 사이에는 터널이 많다"고 말하는 경우가 대부분이다. 그것을 "아타미와 오다와라 사이에는 10개의 터널이 있다"라고 말할 수 있다면 문장은 순식간에 구체화된다.

한 걸음 더 나아가 "아타미와 오다와라 사이에는 10개의 터널이 있고, 마지막 터널을 나와 3초 후에 노조미 호(신칸센 이름 중 하나 – 옮긴이)가 통과한다"라고 표현한다면 표현에서나 설득 면에서 전문가 수준이라 할 수 있다.

위의 내용을 한마디로 정리하면, 구체화를 통해 설득력과 목표를 달성할 확률이 높아지며, 나아가 새로운 발상이 떠오른다.

이번에는 8쪽의 표를 보며 이야기해보자. 이것은 도카이도 신칸센의 미카와안조三河安城(도카이도 본선과 도카이도 신칸센의 환승역 – 옮긴이) 역과 도요하시豊橋(신칸센과 나고야센, 이다센 등의 기점이 되는 교통의 요충지 – 옮긴이) 역 사이에 세워진 광고탑의 개수와 종류다. 독자들 중에도 그곳을 지나며 차창을 통해 산등성이나 논밭 한가운데 서 있는 간판을 본 적이 있을 것이다.

사람들은 보통 광고탑이 세워져 있다는 사실은 알고 있지만 구체적으로 그 개수가 얼마나 되는지는 관찰하지 않는다. 하지만 나는 가끔씩 신칸센 창밖으로 보이는 간판의 종류와 숫자를 세어보곤 한다.

시속 250킬로미터 전후로 달리는(1분에 4킬로미터, 즉, 15초만에 1킬로미터를 나아간다) 노조미 호에 탄 채 광고탑을 세는 일이 쉽지는 않지만 생각이 날 때마다 숫자를 세본다. 구체적인 시각으로 사물을 보면 새로운 사실을 알 수 있고, 그 과정에서 다양한 생각을 할 수 있기 때문이다.

실제로 표를 살펴보면 2003년과 2008년 광고탑에는 큰 차이가 있다는 것을 한번에 알 수 있다. 광고탑을 세우는 기업의 종류도 거의 바뀌었고 무엇보다 광고판 자체의 숫자가 크게 줄어들었다.

그렇다면 광고탑의 숫자가 줄어든 이유는 무엇일까?

2003년 6월		2008년 1월	
727 코스메틱	3	727 코스메틱	2
아나부키 부동산개발	2	아나부키 부동산개발	2
히가시 건설	2	히가시 건설	2
로즈 오리털 이불	3	로즈 오리털 이불	3
일본 농협	5	일본 농협	2
'단스니곤' 의류용 방충제	3	JOJIRUSHI	2
샤디	1	긴자 스테파니	1
비타 씨 골드 D	4		
엠버	1		
간장 타마 된장	1		
오토 웨이브	1		
합계	26	**합계**	14

2003년 6월 출간 《신칸센에서 경제가 보인다》 본문에서 발췌

표를 단서로 삼아 추리해보자.

우선 내가 추리해본 것은 다음과 같다.

1. 미카와안조와 도요하시 지역은 자동차 산업 등으로 인해 경기가 좋아져서 공장과 주택의 수요가 늘어났고, 그만큼 광고판을 세울 만한 농지가 줄어들었다.
2. 온라인 광고 등의 영향으로 광고판 자체의 수요가 줄었다.
3. 신칸센을 이용하는 직장인들이 너무 바빠 차 안에서 노트북이나 스마트폰을 사용하거나 잠을 자는 경우가 늘어 창밖을 쳐다보는 사람이 줄었고, 간판의 광고효과가 떨어졌다.

여기에 추리를 덧붙이자면,

4. 소음문제로 방음벽이 늘어나 창문을 통해 보이는 광고탑이 줄었다.
5. N700(2007년에 개발된 시속 270킬로미터로 달리는 열차 – 옮긴이)의 등장으로 노조미 호의 속도가 더욱 빨라져서 더 이상 간판 내용을 보기가 힘들어졌다.

다양한 추측이 가능한데, 그것은 사물을 구체적으로 바라본 덕분이다.

그렇기 때문에 '숫자력'을 키우기 위해서는 이와 같은 '구체화 능력'이 매우 중요하다.

능력 있는 직장인은 숫자에 강하다

내 업무 특성상 경영자나 임원을 만나는 일이 잦고, 10여 개가 넘는 기업의 비상근 임원을 맡고 있다 보니 회의도 많은 편이다. 여러 기업을 방문하면서 나는 흥미로운 사실을 발견했다.

소위 잘 나가는 기업의 사장은 대부분 숫자에 강해서 수치상의 오류나 차이를 재빨리 알아차린다. 그렇다고 그들이 통계나 재무지식에 밝은 것도 아닌데 담당자가 제출한 서류에 기록된 계산상의 착오는 재빨리 감지한다.

반대로, 하향세를 보이는 기업의 사장은 숫자에 약하다. 그들은 대부분 어림잡아 계산하거나 자릿수가 틀려도 잘 알아차리지 못한다. 다행히 수치를 파악하고 있다 해도 자신의 경험에 비추어 주관적으로 해석하는 경우가 많다. 실제로 내가 만났던 파산 기업의 대표들은 매출액 등의 수치만 내세우는 경향이 있었다.

관리자뿐만 아니라 일을 잘 못하는 사원에게도 한 가지 공통점이 있다. 바로 숫자의 자릿수를 곧잘 착각한다는 것이다.

이런 일은 학력과는 아무 상관이 없다. 일류 대학을 나온 사람들도 서류상의 숫자를 읽을 때나 순간적으로 간단한 암산을 해야 할 때 자릿수를 잘못 말하곤 한다. 숫자 자체를 틀리는 경우는 거의 없지만 대부분이 자릿수에서 헤맨다. 이것은 숫자력의 1번 항목인 '파악 능력'이 부족한 데서 오는 현상이다.

그리고 업무 능력이 떨어지는 임원이나 관리직들의 보고에서 흔히 발견할 수 있는 특징은 숫자를 제시하지 않고 그냥 "잘 나간다" 혹은 "실적이 떨어졌다", "약간 향상되었다", "꽤 괜찮다"와 같이 막연한 표현을 사용한다는 점이다. 게다가 듣는 사람 역시 "아, 그래요" 하면서 다음 사항으로 넘어가는 경우가 많다. "어떻게 좀 안되겠어?" 하고 책임을 추궁하면서도 "열심히 하겠습니다"라고 얘기하면 그대로 만족하기도 한다. 중요한 회의에서도 마찬가지다. 2번의 '구체화 능력'이 부족하기 때문이다.

이에 반해 능력 있는 사원은 회의나 프레젠테이션 때는 물론 일상적인 대화에서도 "○엔(구체적인 액수)이 판매되었다", "목표액을 ○퍼센트 달성했다" 또는 "지난달 매출과 비교하면 ○퍼센트 차이가 난다", "전년도 같은 기간과 비교할 때 ○원, ○퍼센트 성장(혹은 감소)했다"와 같이 구체적인 표현을 즐겨 쓴다.

다소 부정적인 결과를 보고해야 하는 경우라면 무엇이 부족했으며, 다음에는 어떤 부분에 몇 시간을 더해야 하는지 구체적인 분석과 함께 다음의 행동목표를 정해 발표한다. 숫자력 항목 중 하나인 3번 항목인 '목표달성 능력'이 높은 것이다.

비즈니스 세계에서는 무엇이 됐든 가능한 구체화시키는 것이 필요하다. 일반적으로 구체화되지 않은 일은 실행하기가 어려운데, 숫자라는 것은 어떤 의미에서 궁극의 구체화이기도 하다.

'수치화' = '구체화'는 '목표달성 능력'을 높인다.

물론 상냥함이나 즐거움 등 수치화할 수 없는 부분이 존재하는데, 그것들 중에는 정말 중요한 의미가 담겨 있어 그대로 표현할 수밖에 없는 것들도 있다. 그런 것들을 제외하고는 가능한 한 수치로 바꾸고 양을 정해 분석한다.

이것은 논리사고의 기본 원칙 중 한 가지이기도 하다.

숫자와 관련된 것들을 이과 계열로 한정짓지 않았는데도 보통 '숫자'에 거부감을 가진 사람이 많은 것 같다. 그래서인지 최근 들어 쉽게 배울 수 있는 회계 관련 서적이 봇물을 이루고 있다. 회계를 전혀 모르는 일반 독자들을 위한 회계와 재무활동, 경제, 금융에 관한 책이 서가에 빼곡히 꽂혀 있다.

그러나 경영자가 됐든 직원이 됐든 회계나 금융을 배우기 전에 숫자에 대한 감각이나 숫자를 보는 눈, 숫자를 다루는 기본 방법부터 익히는 것이 더 중요하다고 생각한다.

그 점에 착안해 기획한 것이 바로 이 책이다. 이 책을 통해 '숫자'를 보는 방법이 지금까지와는 완전히 달라질 것이다. 더불어 '파악 능력'과 '구체화 능력', '목표달성 능력'도 함께 향상될 것이다.

숫자력이 향상되면 목표달성 능력도 함께 향상되는데, 그 이유는 이미 설명한 바와 같이 구체화 능력에 의해 목표달성에서부터 시작 지점까지 되짚어 생각할 줄 알게 되기 때문이다.

거꾸로 계산할 줄 아는 '역산逆算 능력'은 목표지점에 이르기까지의 과정을 세밀하게 떠올릴 수 있도록 돕는다.

능력자들이 숫자를 활용하는 방법

그런데 목표달성 능력과 관련해서 한 가지 짚고 넘어갈 게 있다. 혹시 독자 여러분은 잭 웰치가 GE에 있을 때 활용했다는 '스트레치 예산'이란 말을 들어본 적이 있는가?

스트레치 예산이란 늘어난다는 뜻을 가진 '스트레치'에다 예산이라는 말을 합친 단어로, 매출이 오른다면 최대한 얼마까지 가능한지 수치로 나타낸 것이다.

소위 정신자세나 근성 따위를 얘기하는 게 아니다. 매출이라는 경제활동이 일어나는 데는 다양한 상황이나 조건이 존재한다. 라이벌 기업이 신제품을 개발하기도 하고, 어떤 상품은 기후에 크게 좌우되기도 한다. 때로는 필요한 인재를 채용할 수 있는지 여부에 따라 결과가 달라지기도 한다.

반대로 자신의 회사가 한발 먼저 신제품을 발표하는 경우도 있을 수 있다. 만약 모든 일이 조화롭게 어우러져 최상의 조건을 갖추었다면 어느 정도의 목표를 달성할 수 있을까?

이것이 스트레치 예산의 기본적인 사고방식이다.

청량음료를 예로 들어보자. "평균 기온이 30도 이상 오르면 ○병 팔리지만, 29도일 때는 △병 팔린다"는 식의 과거 데이터를 고려해 목표를 세우고 결과를 분석한다.

다시 말해 외부환경이나 내부적인 상황, 자신이 예상하는 결과(숫자)를 연관 지어 생각하는데, 그 과정에서 현장과 본사 사이의 전략에 대한 검토와 어드바이스 등이 이루어진다.

완벽한 조건이 갖춰지는 경우를 상정해 최상의 목표를 정하고, 구체적인 실행계획을 세우고 모니터링과 함께 세심하게 수정해 나가는 것이다.

물론 늘 완벽한 상황이 주어지지는 않는다. 실제로는 그렇지 못한 경우가 더 많다. 그런 경우에도 무엇이 부족하고, 모자란 부분을 보완하기 위해 구체적으로 무엇을 해야 하는지 이 과정을 통해 분명하게 드러난다.

앞서 이야기했던 "그런 대로 잘 팔립니다", "노력하겠습니다"와 같은 대화가 통용되는 회의와는 내용 면에서 완전히 달라진다. 조건과 숫자와의 연관성이 분명하게 드러나는 회의가 되는 것이다.

이처럼 강한 조직이나 능력 있는 사람은 숫자를 파악하고, 환경이나 원인, 자신이 예상하는 결과(숫자)를 서로 연관 지어, 결과(숫자)를 개선하고 새롭게 만들어간다.

그러므로 무엇이든 숫자로 목표를 세우고 세심하게 계획한다. 그리고 끊임없이 분석한다.

목표달성을 위해 필요한 도구, 숫자!

이 책은 숫자력을 익히고 그것을 훈련하기 위한 것이다. 그렇다면 숫자력을 높이기 위해 가장 먼저 해야 할 일은 무엇일까?

나는 '숫자력'을 향상시키기 위한 과정을 3가지 단계로 정리했다.

1단계 : 숫자를 파악한다(숫자와 그 정의, 의미 등을 안다).

2단계 : 숫자와 숫자를 서로 연관 짓는다.

3단계 : 숫자를 만든다.

이 3단계의 의미를 간략하게 설명하면 다음과 같다.

1단계는 예를 들면 자신이 다니는 회사의 매출이나 이익, 혹은 사원수, 주가지표, GDP 등의 숫자를 구체적으로 파악하는 능력을 말한다. 기본 숫자를 알지 못하면 아무것도 할 수 없기 때문이다. 알고 있는 숫자를 바탕으로 전체적인 규모 혹은 동종 계열의 기업수 등을 추리하는 능력도 1단계에 포함된다.

이때 숫자의 정의나 의미를 정확하게 알고 있어야 한다. 제조원가와 매출원가의 차이를 알고 있는가? 영업이익과 경상이익의 차이는?(모른다고 당황할 필요는 없다. 이 책을 읽고 나면 알 수 있을 것이다.)

이들의 차이를 정확하게 알고 있지 않으면 아무리 구체적인 수치를 알고 있다 해도 올바른 판단을 내리는 게 불가능하다. 그러면 힘들게 내린 결론 역시 무용지물이 될 수밖에 없다.

2단계는 1단계에서 파악한 숫자와 숫자의 연관성을 이해하는 능력이다. 앞으로 설명하겠지만 GDP와 월급의 관계, 종업원수로 해당기업의 매출을 추리하는 등 숫자 간의 상관관계를 분석하고 꿰뚫어보는 능력이 여기에 해당된다.

상관관계를 통해 숫자의 어떤 부분을 건드리면 다른 숫자가 영향을 받는지 알게 됨으로써 넓은 의미에서 볼 때 통계력까지 높일 수 있다. 더불어 발상 능력이나 영감에도 많은 영향을 미친다.

3단계는 1, 2단계를 바탕으로 숫자를 상정할 때 스스로 목표를 설정하고 그것을 향해 결과물이나 성과, 수치 등을 어떻게 상승시킬 것인지 큰 그림을 그릴 줄 아는 목표달성 능력이다. 이것은 숫자력을 익히는 가장 큰 목적이기도 하다.

더불어 공부나 자기계발 분야에 있어서 확실하게 목표를 달성하는 방법론이 될 수 있다.

이제 정리해보자.

개별적인 숫자를 파악(1단계)함으로써 일련의 현상을 객관적이면서도 정확하게 파악하고, 어느 숫자가 바뀌면 어떤 부분에 영향을 주는지 연관성(2단계)을 이해하고, 구체화된 목표로부터 과정을 역추적(역산)하여 목표달성을 위한 구체적인 방법을 생각한다. 경우에 따라서는 목표치의 상향 수정(3단계)이 가능하다.

정리하자면 숫자력이란 단순히 숫자를 능숙하게 다루는 능력뿐만 아니라 세상을 바라보는 시각을 넓히고 사물을 논리적으로 추리하고 파악하기 위한 도구인 동시에, 자신의 목표달성을 위해 필요한 도구다.

그래서 독자들은 이 책을 다 읽고 나서 90분 후에는 '도구'를 자유자재로 활용할 수 있다. 지금까지 막연하고 애매하게 다루었던 문제를 숫자로 떠올릴 수 있을 것이며, 그저 여러 개의 숫자 묶음으로만 보였던 각종 수치들이 얼마나 많은 이야기를 하고 있는지 깨닫게 될 것이다. 보이지 않던 세계가 눈에 들어오거나, 다른 사람에게는 보이지 않는 가까운 미래를 예측할 수도 있다.

더불어 목표를 향해 나아가는 힘도 강해질 것이다.

앞으로 이어질 본문의 내용을 정리하면 다음과 같다.

1. 숫자력으로 세상을 보는 눈이 어떻게 달라지는지를 설명한다.
2. 숫자를 읽고 풀기 위한 '7가지 기본 노하우'를 설명한다.
3. 숫자력을 떨어뜨리는 '6가지 함정'을 소개한다.
4. 매일 숫자력 훈련을 위한 실전훈련법으로서 '5가지 습

관'을 정리한다.

부록으로 본문 내용을 중심으로 반드시 알아야 할 거시경제와 미시경제 용어를 엄선하여 약 20개로 정리했다. 또한 직장인의 기본 상식인 경제활동 관련 용어 15개도 엄선해 정리했다. 직장인에게 유용한 경제·회계 용어에 대한 설명으로 충분치는 않겠지만 이 정도면 기본은 갖추는 것이다.

또한 독자들이 이 책을 읽는 동안 자연스럽게 중요한 숫자를 파악하고, 이해할 수 있도록 구성에 신경을 썼다. 반드시 기억해야 할 숫자라고 강조한 부분은 반복해서 등장시켰다.

여기에 구체적인 숫자를 보는 방법이나 훈련법도 설명해 놓았다. 본문 안에 실제로 테스트하기 위한 연습문제를 추가했으므로 재미있게 풀어보자.

내용에 제대로 집중한다면 책을 다 읽고 난 후에는 숫자를 통한 구체화 능력이 눈에 띄게 향상되어 있으리라 확신한다.

그럼 이제 시작해보자.

고미야 가즈요시

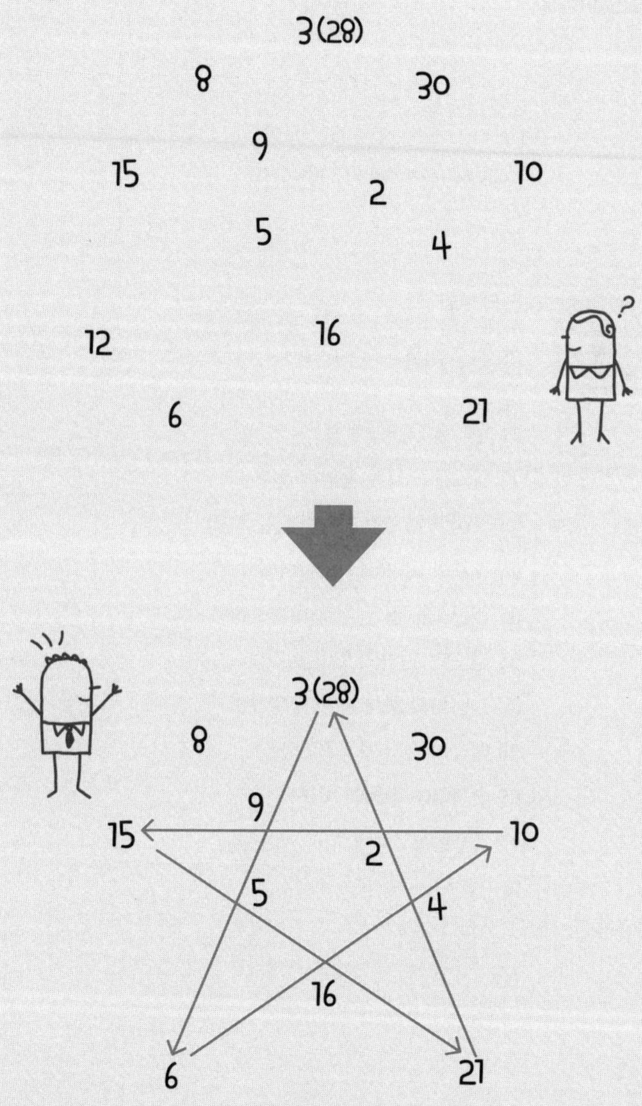

3(28)
8
30
9
15
10
2
5
4
12
16
6
21
3(28)
8
30
9
15
10
2
5
4
16
6
21

Contents

2 숫자력을 키우는 7가지 노하우

3 숫자력을 떨어뜨리는 6가지 함정

숫자력이 좋아지는 5가지 습관

BAR
BAR
BAR
777
BAR
BAR

5 부록

1

세상을 보는 눈이 달라지는

숫자의 힘

1 +
2
3
%
100

숫자를 추론해보자

여러분은 아래에 나온 숫자들을 알고 있는가?

- 일본의 인구
- 일본의 근로자수
- 올해 국가예산
- 현재 출생률
- 일본의 세대수
- 연금 수급자수
- 일본의 평균 급여액
- 일본의 자동차 등록대수
- 통신 3사의 연간 매출총액

· 편의점 1인당 1회 평균 구매금액
· 연간 도서 매출액
· 다니고 있는 회사의 매출
· 현재 받고 있는 자신의 시급
· 연간 소득세와 주민세 총액
· 1일 보행수
· 현재 몸무게와 1년 전 몸무게

정확한 숫자가 떠오르지 않더라도 추론할 수 있는 것은 추리해보자. 예를 들어 근로자수는 인구의 몇 퍼센트인지를 따져보면 대강 알 수 있을 것이다. 그렇다면 통신 3사의 연간 매출이나 연간 도서구입비는 어떻게 계산하면 좋을지 추리방법을 생각해보자.

물론 그 분야에 대해 알고 있지 않으면 정확한 수치는커녕 추론조차 어려운 항목도 있다. 그렇다고 전혀 걱정할 게 없다. 지금 당장은 몰라도 이 책을 다 읽을 때쯤이면 거의 모든 항목에 대답할 수 있을 것이다.

다음 페이지로 넘어가기 전에 추론이 가능한 항목은 나름의 계산방법으로 숫자를 적어보자. 실제 수치와 자신의 답을 비교해보는 재미도 색다르기 때문이다.

단순히 "이런 방법으로 계산하면 될 것 같은데?" 정도에서 끝내면 안 된다. 실제로 계산해서 반드시 숫자를 구해야 한다. 이것 역시 구체화 능력을 기르는 데 없어서는 안 될 과정이기 때문이다.

이 단계에서는 계산에 서툴어도, 수학에 재능이 없어도 아무 문제 될 게 없다.

필요한 숫자는 눈앞에 있다

'숫자력'의 기본은 우선 숫자를 파악하는 일이다. 아예 모르면 시작조차 할 수 없기 때문이다. 숫자를 파악한다는 의미가 정확한 데이터를 찾아내거나 닥치는 대로 외우라는 것이 아니다.

필요한 숫자의 대부분은 눈앞에 있다.

무엇이 됐든 아무리 가까이 있어도 그것을 '파악하는' 사람과 그렇지 않은 사람이 있게 마련이다. 숫자도 마찬가지다. 단, 숫자를 파악하는 데는 반드시 필요한 조건이 있다.

그것은 무엇일까?

앞 페이지의 문제 중에서 대답할 수 있었던 항목은 무엇인가? 반대로 예측조차 할 수 없었던 항목은 무엇인가?

만약 답을 아는 항목이 있었다면 그것은 평소 그 분야에 관심을 갖고 있었던 덕분일 것이다. 앞서 "성공한 기업가는 대부분 숫자에 강해서 수치상 변화를 쉽게 감지한다"고 했는데, 그 이유도 같다. '관심'이 있기 때문이다.

일반적으로 사장이라면 누구보다 회사와 관련된 숫자(매출, 원가, 계획, 그 밖의 모든 비용)에 관심을 갖고 있게 마련이다(그렇지 않은 사장도 있지만 그런 회사는 거의 다 문을 닫았다). 따라서 누가 물어보지 않아도 중요한 숫자는 머릿속에 늘 각인되어 있어 조금이라도 변화가 생기면 곧바로 알아차리는 것이다.

누구나 관심이 있는 숫자에는 민감하다. 관심만 있으면 신문이나 뉴스, 매일같이 이어지는 회의와 서류작업을 통해 자연스럽게 기억된다. 이것을 반대로 해석하면 관심이 있는 것 외에는 보통 눈에 잘 들어오지 않는다는 의미가 된다.

자신이 작성한 서류나 데이터의 실수는 좀처럼 발견하지 못하는 사람도 급여명세서에서 누락된 수당은 아무리 적은 금액이라도 귀신같이 알아낸다. 관심이 있기 때문이다. 그러므로 숫자를 파악하는 능력을 키우려면 '관심'부터 가져야 한다.

관심이 없으면 보이지 않는 숫자

아무리 숫자에 약한 사람도 자기가 관심을 갖는 분야의 숫자는 잘 알고 있다. 이 말은 숫자를 알고 있는지 여부에 따라 그 사람의 관심 정도를 판단할 수 있다는 뜻이기도 하다. 앞서 제시한 리스트는 독자들이 어떠한 분야에 관심이 있는지를 알기 위한 문제인 동시에 직장인이라면 반드시 알아 두어야 할 항목이기도 하다.

회사 매출을 예로 들어보자. 규모가 큰 회사에 소속돼 있으면 자신이 속한 사업부문의 매출이어도 상관없다.

그럼 먼저 기본적인 질문부터 시작해보자.

· 자신이 다니는 회사의 연매출액은 얼마인가?

· 지난달 매출액은 얼마였나?

사장이라면 금방 대답할 수 있겠지만 사원들은 의외로 모르는 경우가 많다. 만일 당신이 사장이라면 사원에게 물어보라. 개인적인 경험에 비추어보면 전체 기업 중 50퍼센트 이상, 회사원의 50퍼센트는 자신이 다니는 회사의 매출액을 알지 못한다. 대기업일수록 대답하지 못하는 사원의 비율이 높고, 그중에는 자릿수를 착각하는 사람도 있다.

더욱이 업계 전체의 매출이나 그중에서 자신의 회사가 어느 정도의 비율을 차지하고 있는지 물으면 거의 대답을 못한다. 당연하다는 듯 "모르겠다"고 말하는 사람이 많다. 안타깝게도 '관심'이 없기 때문이다.

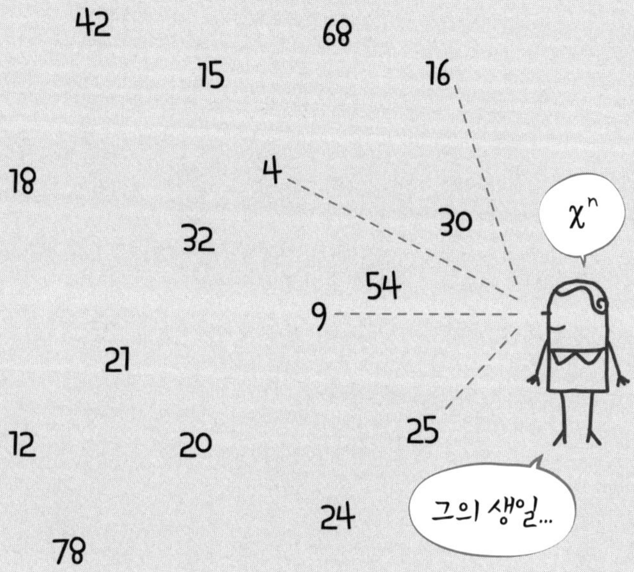

관심 있는 숫자는 눈에 바로 들어온다.

숫자의 의미부터 파악하라

그렇다면 관심은 어떻게 생기는 것일까?

그 문제를 설명하기 위해 이 질문에 답해보자.

일본의 GDP는 얼마인가?

자기 회사의 매출도 모르는 상황이라면 이 문제는 너무 어려울 것이다. 설령 매출을 알고 있다고 해도 쉽게 대답하긴 어려운 문제다(사실 회사의 매출과 GDP 사이에는 깊은 관계가 있다. 이것은 뒤에 설명하기로 하자).

실제로 여러 기업이나 단체에서 강연을 해보면 이 질문에 시원스럽게 대답하는 사람이 거의 없다. 신문이나 뉴스를 통해 "성장률 1퍼센트, 또는 3퍼센트"라는 말을 자주 듣고는 있지만 금액으로 정확하게 알고 있는 사람은 흔치 않다. 그렇다고 해서 모르는 것을 당연하게 생각하거나 상관없다고 얘기하는 것은 곤란하다.

일본의 GDP는 약 500조 엔(2007년 7~9월 발표된 것은 약 515조 엔)이다. 하지만 500조 엔이라는 액수를 들어도 막상 그것이 어느 정도 규모인지 와 닿지는 않을 것이다(500조 엔 = 500만 엔 × 1억).

이 숫자는 과연 무엇을 의미하고 있을까? 가늠하기조차 어려운 500조 엔이라는 숫자가 나와 무슨 상관이라는 것일까? 답을 모르는 사람은 물론이고 알고 있는 사람도 충분히 이런 의문을 가질 수 있다.

그런데 GDP가 우리가 받는 월급과 밀접한 관계를 갖고 있다면, 혹은 개인의 연봉과 연동되어 있다면 어떨까? '관심'이 생기지 않는가? 이쯤에서 앞서 이야기했던 '숫자력'의 3가지 단계 중 2가지를 떠올려보자.

1단계 : 숫자를 파악한다(숫자와 그 정의, 의미 등을 안다).

2단계 : 숫자와 숫자를 서로 연관 짓는다.

'숫자력'을 갖추기 위해서는 우선 2가지가 필요하다. 즉, GDP가 무엇인지 제대로 알지 못하면 이야기를 시작조차 할 수 없다.

GDP란 무엇인가? GDP는 Gross Domestic Product의 약자로 '국내총생산'을 말한다. 출발이 순조롭긴 해도 단어의 뜻을 안다고 끝나는 것은 아니다.

그러면 '국민총생산'이란 무엇인가? 1년간 집계한 국내 생산활동을 집계한 것? 맞는 말이긴 하지만 어딘가 애매하다.

정확하게 말하자면 '일정 기간 동안 국내에서 생산된 부가가치의 총액'이다. 경제를 조금 아는 사람이라면 부가가치라는 말이 자연스럽게 나올 것이다.

'부가가치'란 무엇인가? 그저 '부가가치'라는 말을 많이 들어봤다고 만족해선 안 된다. 새로운 단어가 나올 때마다 무슨 뜻인지 생각하는 습관을 들여야 한다.

막연하게 알고 있던 말이 나왔을 때, 의미에 대해 생각하는 습관은 머리가 좋아질지의 여부를 크게 좌우한다. 의미를 떠올리는 것은 사물을 깊게 생각하는 계기가 되기 때문이다. 단순히 기억에 의존해선 안 되고 깊이 생각하는 버릇을 들여야 한다.

'부가가치'란? 본래 대단하지 않은 물건을 약간 손질하거나 새로운 방식으로 광고해서 비싸게 파는 것? (이것은 담당 편집자의 대답이었다.)

크게 틀린 말은 아니지만 경제 경영의 세계에서는 단순하게 다음과 같이 표현한다.

'매출 - 매입'

업종을 불문하고 모든 기업들은 무언가를 기초로(매입하여) 그것을 상품으로서 판매하여 매출을 올린다. 그런 기업 활동에서 매입한 물건과 매출과의 차액이 부가가치이며, 국내에서 발생한 부가가치를 더한 총합계가 바로 '국내총생산', 즉, GDP인 것이다(컨설팅처럼 눈에 보이지 않는 서비스의 경우 매출은 거의 부가가치에 해당된다).

연관성을 알면 시각이 달라진다

기업은 부가가치로 벌어들인 것을 어떻게 사용할까? 크게 몇 가지로 나누면 세금을 내고, 다음 생산을 위한 잉여 투자금으로 비축하거나 주주들에게 배당금으로 나누어주고 종업원의 급여(인건비)로도 지불한다.

대부분의 기업에서 가장 높은 비율을 차지하는 것은 인건비다. 업종에 따라 차이가 있지만 어디나 인건비, 즉 급여에 들어가는 비용이 가장 크다.

바로 이 부가가치 내의 인건비 비율을 거시경제나 기업 회계에서는 '노동분배율'이라고 한다.

어떤가? 핵심에 가까워졌음이 느껴지는가? 그렇다. 노동분배율이 일정하다는 것은 다음과 같은 의미다.

"1명의 근로자가 벌어들이는 부가가치액, 즉 1인당 GDP가 오르지 않으면 임금도 오르지 않는다."

임금이 오르지 않는다니 다소 실망스러울 것이다. 그러니 일하는 입장에서 볼 때 GDP, 특히 1인당 GDP의 증가 여부는 매우 중요한 뉴스일 수밖에 없다.

매년 정부의 GDP 발표를 TV와 신문에서 크게 다루지만 사람들은 대부분 GDP가 당장 자신의 생활과 아무 상관이 없다고 생각한다. 그러나 경제활동과 생활, 특히 급여와 GDP는 매우 밀접한 관계를 갖고 있다.

이제 숫자력의 2단계에서 나온 '숫자와 숫자를 서로 연관 짓는다'라는 말의 의미를 어느 정도 감지했을 것이다.

어떤 숫자가 변할 때 또 다른 숫자가 달라지는, 다시 말해 '숫자의 연관성을 아는 것'은 대단히 중요하다. GDP, 그것도 1인당 GDP가 증가하면 임금이 오르고, 그에 따라 소비도 늘어날 것으로 예측할 수 있다.

그리고 여러 숫자의 연관성을 이해하면 흥미로운 것들도

많아진다. 세상을 보는 시각이 달라지고, 다양한 사실을 깨닫게 된다. 지금보다 발상의 한계가 훨씬 더 넓어져 주가나 시장과 같은 큰 흐름까지 읽을 수 있다.

지금까지 눈에 보이지 않았던 세계가 열리는 것이다.

GDP와 임금의 관계에 대해 조금 더 들여다보자. 그러기 위해서는 신문기사에 자주 등장하는 '명목GDP'와 '실질GDP'에 대해 설명하고 넘어가야 할 것 같다. 다음 페이지의 경기지표를 살펴보자.

월요일자 경제신문의 경기지표 부분에는 반드시 '명목GDP'와 '실질GDP'가 나란히 실려 있다. 앞서 언급했던 것이 바로 '명목GDP'이다.

일본의 명목GDP는 2007년 현재 약 500조 엔, 실질GDP는 약 560조 엔 정도로 명목GDP보다 9퍼센트 정도 많다!

이것은 무엇을 의미할까? '명목'이란 '실제 금액'이고, 그 액수를 기준 년의 화폐가치(물가)를 감안해 나타낸 것이다. 따라서 디플레이션이나 인플레이션을 조정한다고 할 때, 혹은 성장률이나 생산량을 측정할 때 나오는 숫자는 물가의 상승요소를 배제한 '실질GDP'가 쓰인다.

국내	국내총생산 (계조*·연율·조 엔, 괄호 안은 성장률%)		일본은행 단관 업황판단 '좋다%' – '나쁘다%'	
	명목	실질 (00년도 연쇄가격)	대기업 제조업	대기업 비제조업
04년도	**498.5 (1.0)**	**528.0 (2.0)**	–	–
05년도	**503.8 (1.1)**	**540.8 (2.4)**	–	–
06년 12월	**511.9 (1.6)**	**553.4 (2.3)**	–	–
07년 1월	514.1 (5.1) (10-12)	556.5 (5.3) (10-12)	25 (12월 조사)	22 (12월 조사)
2월				
3월			23 (3월 조사)	22 (3월 조사)
4월	516.7 (2.1) (1-3)	561.1 (3.3) (1-3)		
5월			23 (6월 조사)	22 (6월 조사)
6월	※514.3 (▲1.8) (4-6)	※558.5 (▲1.8) (4-6)		
7월			23 (9월 조사)	20 (9월 조사)
8월				
9월	※515.2 (0.7) (7-9)	※560.6 (1.5) (7-9)	19 (12월 조사)	16 (12월 조사)
10월			15	15 (선행)
11월				
출처	**내각부**		**일본은행**	

* 계조(季調) : 계절조정(季節調整)의 준말. 경제 통계 데이터에서 계절적 변동 요소를 제거하는 일

<일본경제신문> 2008년 1월 28일자 조간 경기지표에서 발췌

즉, 2000년부터 2007년까지 9퍼센트 디플레이션 된 상태가 진행되었다는 것은 7년간 임금이 전혀 오르지 않은 사람이라도 실제로는 수입이 9퍼센트 정도 상승했다는 의미다.

반대로 인플레이션인 경우에는 실질GDP보다 명목GDP의 금액이 더 커진다.

이처럼 흔히 쓰이는 용어에 대한 간단한 정의만 알아도 숫자를 보는 시각이 확실히 달라진다.

GDP만 알아도 보이는 것들

몇 가지 기본적인 숫자를 알면 GDP와 임금 사이의 관계에서 더 많은 사실을 이해할 수 있다. 그중 하나는 일본의 평균 임금이다.

평균 임금을 알기 위해서는 부가가치 안에 포함된 인건비의 비율 즉, 노동분배율의 평균치를 알아 둘 필요가 있다.

최근 일본의 노동분배율은 60퍼센트 정도이므로 국민총생산의 60퍼센트에 해당하는 금액을 계산하면 '500조 엔 × 0.6 = 약 300조 엔' 정도가 나온다.

따라서 일본의 1인당 수입(주식 배당금이나 투자, 임대수입을 제외한 노동에 의한 수입만을 포함시킨다)이 어느 정도인지 알 수 있을 것이다. 자, 얼마인가?

하지만 도대체 일본의 근로자가 몇 명일까? 막막해진 독자들의 목소리가 들리는 듯하다.

굳이 통계를 조사하지 않아도 대강 추리할 수 있는데 다음과 같이 하면 된다.

우선 일본의 총인구수를 생각해보자. 이것조차 모르면 시작조차 불가능하니 기본 숫자로 기억해 둘 필요가 있다. 일본의 총인구는 1억 2,770만 명, 약 1억 2,800만 명이다.

다음은 명석한 두뇌의 소유자이자 이 책을 편집한 여성 편집자의 추론이다.

20세부터 65세까지 인구를 총인구의 약 절반 정도로 가정하면 7,000만 명 정도. 그중에서 절반을 차지하는 여성 중 3분의 2는 시간제 아르바이트조차 하지 않는 전업주부일 것이므로 3,500만 명의 3분의 2인 약 2,300만 명을 뺀 나머지 1,200만 명이 여성 근로자수가 된다.

남성의 경우는 소수를 제외하고는 거의 일하고 있다고 가정해 남녀 합계를 구하면 4,500만 명이 된다.

그런데 19세 이하 미성년자와 60세 이상 인구 중에서도 일하고 있는 사람이 있을 것이므로, 그 숫자를 적당히 더해 약 5,000만 명으로 계산하면 평균 임금은 300조 엔 ÷ 5,000만 명이니까 약 600만 엔!

정답부터 말하자면, 일본의 전체 취업자수는 6,000만 명이다. 거의 비슷하게 맞혔다고 말할 수 있겠지만 1,000만 명이나 차이가 나는 까닭은 여성 근로자의 비율이 예상보다 높았기 때문이다. 총인구의 절반이 근로자수이므로 다시 계산해보면 300조엔 ÷ 6,000만 명 = 500만 엔, 그러니까 평균 임금은 약 500만 엔이 된다.

한편, 급여소득자의 수를 조사해보면 약 4,500만 명 정도이고 급여총액은 200조 엔 안팎이다. 1인당 평균 급여는 약 450만 엔이 된다. 사람수와 금액만 놓고 볼 때 자영업이나 프리랜서 등 취업자 전원이 급여소득자가 아니라는 점, 기업이 지불하는 인건비 안에는 급여 외에도 사회보험의 기업 부담분인 복지후생비 등이 포함되어 있다는 점을 감안해야 한다.

이처럼 단순한 몇 개의 숫자만으로 기본적인 수치를 어느 정도 가늠할 수 있다면 다양한 추론이 가능하다(이것은 외국계 컨설팅 기업 등의 채용시험에 자주 출제되는 문제 중 하나로, 이미 많이 알려져 있다).

반대로 말하면 GDP가 약 500조 엔, 총인구수가 1억 2,770만 명이라는 기본적인 숫자를 알지 못하면 추론 자체가 어렵거나 추론할 수 있는 범위나 정확도가 현저히 떨어질 수 있다는 의미가 된다.

따라서 정의와 함께 기본적인 숫자를 파악하는 일이 '숫자력'에서 매우 중요하다.

지금까지 GDP나 노동분배율, 여기에 인구수 등의 숫자를 알아보았다. 이것만으로도 앞으로 주변의 숫자가 달리 보일 것이다(단, 노동분배율의 평균인 60퍼센트를 모르면 계산이 어려울 수 있다. 경제를 이해하는 데 중요한 숫자인 만큼 자신이 다니는 회사 혹은 업계의 노동분배율 정도는 알아 둘 필요가 있다).

간단하게 회사 매출 추측해보기

기본 숫자와 그 연관성을 이용해 또 한 가지를 추론해보자.

이제까지 이야기한 GDP와 급여의 상관관계에 등장했던 숫자를 활용하면 다른 회사의 매출도 추측해볼 수 있다.

단, 그러기 위해서는 그 회사가 속해 있는 업계의 평균 '부가가치율'을 알고 있어야 한다.

부가가치율이란 '부가가치 ÷ 매출액'으로, 사람을 많이 고용하는 서비스업처럼 50퍼센트를 넘나드는 업종이 있는가 하면 평균 20퍼센트에도 미치지 않는 업종까지 매우 다양하다. 일본의 법인 사업자와 일반 사업자의 부가가치율의 평균은 약 30퍼센트 정도다.

다시 말해 '부가가치 ÷ 매출액'의 평균이 0.3 정도 되는 셈이다.

그럼 함께 기본 정보를 가지고 다음 질문에 답해보자.

사원이 50명인 회사의 평균 매출액은 얼마나 될까?

함께 추론해보자. 앞서 1인당 인건비가 평균 약 500만 엔이었던 것을 기억하는가? 평균 노동분배율은 약 60퍼센트였다. 벌써 잊어버린 독자는 없으리라 생각한다.

이 수치로 계산해보면?

500만 엔을 노동분배율 0.6의 60퍼센트로 나누면 약 830만 엔.

이것이 노동자 1명이 창출하는 부가가치가 된다.

그러면 사원이 50명인 회사 전체가 생산하는 부가가치는?

830만 엔 × 50명= 4억 1,500만 엔.

해당 업계의 평균 부가가치율이 매출액의 30퍼센트에 해당한다면?

'4억 1,500만 엔 ÷ 0.3'으로 계산해 약 14억 엔.

이것이 직원수 50명인 회사의 한 달 평균 매출액 추정치이다.

물론 노동분배율이 30퍼센트 이하이거나 70퍼센트에 달하는 경우가 있을 수 있고, 부가가치율이 20퍼센트 혹은 70퍼센트 이상인 회사도 있다. 이 수치는 업종이나 비즈니스 모델에 따라 달라지기 때문에 단정해서 말하기는 어렵다.

만약 해당 업종의 부가가치율을 알고 있다고 가정한다면 직원수만으로도 그 회사의 대략적인 매출을 어렵지 않게 계산할 수 있다.

참고로, GDP가 약 500조 엔으로 추정되는 일본 전체 기업의 매출총액은 약 1,700조 엔 정도 되리라 생각한다.

자신이 계산했던 추정치에 근접했는가? 이처럼 간단한 문제를 통해 단순한 수치계산법을 연습할 수 있다.

이것이 숫자 파악력이다

갑작스럽게, 그것도 큰 단위의 숫자가 나오면 누구나 위축되게 마련이다. 더구나 숫자에 약한 사람은 숫자 단위가 커지면 커질수록 긴장한다. 일정한 단위를 넘어 상상하지도 못한 숫자가 나왔을 때는 자칫 사고정지에 이를 수도 있다.

그러나 큰 단위의 숫자 중에는 의외로 우리가 '익숙해 있는' 숫자도 많으니 미리 겁먹을 필요는 없다.

큰 숫자 중에서 가장 익숙한 숫자는 GDP일 것이다. 앞서 GDP가 나왔을 때 500조 엔 = 500만 엔 × 1억으로 설명했듯이, 500만 엔짜리 음식을 1억 명에게 나누어 준다고 상상하면 간단하다. 큰 숫자는 이런 식으로 분해하여 규모를 쉽게 이해할 수 있다.

지금까지의 내용을 정리해보자.

다음은 '숫자력'에서 가장 중요한 '숫자 파악력'을 기르는 과정이다.

1. 관심을 갖는다.
2. 숫자의 정의를 알고 있다.
3. 숫자와 숫자 사이의 연관성을 이해한다.
4. 기본적인 개별 숫자를 파악한다.
5. 미지의 숫자에 대해 추론할 수 있다.

물론 미리 알고 있어야 할 숫자와 정의는 GDP뿐만이 아니다. 특히 성공을 목표로 하는 사람이라면 GDP에 국한되지 않고 거시경제 수치, 기업으로 말하면 자신이 다니는 회사의 매출뿐만 아니라 그 밖의 기본적인 숫자나 경제·회계 용어의 정의를 모두 파악하고 있어야 한다.

구체적인 예를 들면 거시경제 지표인 '유효 구직자수'나 '소비자물가지수', 미시경제 지표 중에서는 '매출총이익'이나 '영업이익'과 같은 용어를 들 수 있다.

왜냐하면 대부분의 독자들은 앞으로 '회사'라는 배의 노젓는 사람에서 키를 잡는 사람으로 역할이 발전할 것이기 때문이다. 개중에는 이미 회사의 키(경영)를 잡고 있는 사람이 있을지도 모르겠다.

회사 경영에 있어 가장 중요한 것은 두말할 나위 없이 전체적인 방향, 즉 무엇을 하고 무엇을 하지 말아야 할지를 결정하는 일이다. 당연히 이와 같은 경영 판단에는 거시경제의 흐름과 기업 상황을 정확하게 알고 있다는 것이 전제되어 있어야 한다.

예를 들어 경기가 나쁜 쪽으로 흐르고 있는데도 설비투자비를 늘린다거나 반대로 경기가 좋아지고 있는데 지나치게 보수적으로 관망하는 바람에 기회를 놓칠 수도 있다. 아무리 주변 경기가 좋아도 회사의 재무상태를 무시한 채 부채만 늘리는 것도 위험하다.

이처럼 직장인에게 있어서 거시경제의 숫자와 기업회계상의 숫자, 이 2가지를 '파악'하는 일은 매우 중요하다. 다시 말해 정의를 알고 개별적인 숫자를 인식하는 동시에 숫자와 숫자 사이의 관계를 이해해 시장의 움직임과 매출 등을 추론할 수 있어야 한다.

이렇게까지 말하면 자칫 부담스러워할 독자가 있을지도 모르지만 너무 염려하지 않아도 된다. 모든 숫자를 파악할 필요가 없기 때문이다.

'80-20 법칙'대로 모든 일에는 일부만으로 전체를 알 수 있는 포인트가 있게 마련이다. '숫자력'의 핵심, '숫자'만 알아두면 세계 경제의 흐름, 기업의 재무상황을 한눈에 파악할 수 있다.

내 개인적인 생각으로는 거시경제와 미시경제 구분 없이 10퍼센트 정도만 알면 충분할 것으로 보인다(독자들의 이해를 돕기 위해 부록에서 기본적인 숫자와 그에 관한 간단한 정의를 설명해 놓았다).

이제 연습문제를 풀어볼 차례다.

다음 숫자의 계산을 '추론'해보자(제1장 첫 부분에 나왔던 문제의 일부분이다).

거시경제의 특별한 숫자를 알고 있지 않더라도 극히 상식적인 숫자만 알면 논리적으로 추론할 수 있다. 주변의 숫자가 추론의 기본이 되는 것이다.

답은 책의 마지막 부분에 숨겨 두었지만 '파악력'이 생긴 사람이라면 거의 추론할 수 있으리라 생각한다. 중요한 것은 숫자를 맞혔느냐가 아니라 추론하는 과정을 스스로 생각해냈는지 여부다. 자신만의 방식으로 계산해 답을 구해본다.

연습문제

① 우리나라의 연간 도서매출은?
② 휴대전화 통신 3사의 연간 총매출액은?
③ 등록된 자동차 대수는?
④ 1인당 1회 편의점 평균 구매금액은?

숫자에는 책임이 따른다

첫 머리에서 '숫자력'이란 다음 3가지 단계를 통해 발전한다고 설명한 바 있다.

1단계 : 숫자를 파악한다(숫자와 그 정의, 의미 등을 안다).

2단계 : 숫자와 숫자를 서로 연관 짓는다.

3단계 : 숫자를 만든다.

이제까지 설명한 것은 1단계와 2단계에 해당된다.

1장의 마무리로서 3단계의 '숫자를 만드는 능력' 즉, '목표 달성 능력'에 대해 다루고자 한다.

제1장의 도입부에서 '관심'의 중요성에 관해 설명했다.

그런데 왜 어떤 사원은 처음부터 자신의 월급 이외에 회사와 관련된 숫자까지 관심을 가지는가 하면, 어떤 사람은 회사에 대해 전혀 관심을 갖지 않는 것일까?

어째서 능력 있는 사람은 "앞으로 ○원" 혹은 "지난해보다 ○퍼센트"와 같이 숫자를 넣어 말하고, 능력 없는 사람은 "대부분"이나 "조금씩", "잘 팔리고 있다"는 식으로 막연하게 이야기할까? 이와 같은 '관심의 차이'는 어디서 오는 것일까?

나는 관심의 중요한 조건 중 하나는 '책임'이라고 생각한다. 물론 컨트롤할 수 있는 극한의 범위 자체가 좁은 사람에게 전체에 대한 책임을 지라고 말해봤자 무리일 것이다. 하지만 막연하게 말하는 사람보다 숫자로 현재의 상황이나 목표를 설명하는 사람에게 목표달성에 대한 '책임'이 더 크게 주어진다는 것은 누구나 느낄 것이다.

앞에서도 잠깐 이야기했듯이 '수치화'는 사물을 극단적으로 구체화한다는 의미를 가진다. 그리고 무슨 일이든 구체화될 때 실행이 가능해진다. 목표가 구체적으로 수치화되면 현실과의 차이를 알게 되고, 과정 역시 구체적으로 되짚어보기가 쉽다.

예를 들어 “조금만 살을 더 빼자”보다는 “지금 65킬로그램이지만 두 달 동안 표준체중인 63킬로그램까지 빼보자”, “매일 체중계에서 몸무게를 재보고, 결과에 따라 다음 날 식사를 조절하자”고 생각하는 편이 구체적으로 결과를 얻기가 쉽다(나 역시 매일 체중계에 오른다).

다시 말해 확실하게 실행에 옮기겠다고 계획했다면 자신의 라이프스타일과 이루고자 하는 목표를 구체적인 숫자로 파악할 필요가 있다.

그러지 않고서는 자칫 목표를 달성하는 데 동반되는 ‘책임’을 회피하려는, 혹은 회피하고 싶어 하는 모습으로 보일 수 있다.

목표달성으로 향하는 지름길

숫자를 만들어가는 힘과 목표달성의 힘을 기르는 데 가장 필요한 것은 숫자를 다루는 데 대한 '책임'이다. 그렇다면 책임감을 기르기 위한 실질적인 방법이 무엇인지 생각해보자.

우선은 수치화하여 생각하는 습관을 가져야 한다. 만일 당신이 상사라면 부하 직원에게 그런 습관을 갖도록 독려해야 한다. "조금 더 매출을 올려보겠습니다"라고 말하면 "구체적으로 얼마나 올릴 수 있습니까?"라고 물어야 한다. 스스로도 "조금 더 상황을 지켜보자"가 아닌, "앞으로 2개월만 지켜보자"는 식으로 생각해야 한다.

이런 생활방식을 2주일간 반복하다 보면 서서히 습관으

로 굳어진다. 일단 습관이 되면 자신은 물론 남에게도 막연한 표현을 자제하고, 수치화된 데이터가 없는 일은 납득할 수 없게 된다. 이것을 정리하면 다음과 같다.

수치화 ⇒ 구체적인 차이를 느낀다 ⇒ 구체적인 방법을 생각한다 ⇒ 목표달성에 대한 의욕이 생긴다 ⇒ 목표달성!

만에 하나 목표를 이룰 수 없다 하더라도 책임감이나 안타까움의 정도는 달라질 수 있으므로 "다음엔 다른 방법으로 해보자"는 식이 된다. 목표에 이르기까지 과정도 생각지 않은 채 '실패했다'는 결과만 놓고 의기소침해지는 것과는 차원이 다르다.

목표와 현실 사이의 차이를 구체적으로 알면 계획한 전부를 이룰 수 없다 해도 어느 단계까지는 도달할 수 있을 것이다.

그런데도 실패했다면 어떻게 했으면 좋았을지 스스로 잘 알고 있기 때문에 좌절보다는 '안타까움'이나 '책임감'을 느낀다. 더불어 다음에 다시 할 때는 현실과 목표 사이의 차이를 메울 만한 구체적인 과정을 계산할 수 있다.

현실을 제대로 파악하지 못한 채 어디까지 진행해야 좋을지 한계를 모른다면 누구나 책임감을 갖고 일에 임하기가 어려울 뿐 아니라 의욕도 생기지 않을 것이다.

스스로 해내겠다는 생각을 가지려면 목표를 수치화하는 동시에 구체적인 과정을 생각할 필요가 있다. 부하 직원이 좀 더 높은 목표를 달성하도록 만들려면 수치화와 과정의 구체화를 자신의 힘으로 생각할 수 있도록 지도해야 한다.

요점 정리

이것이 숫자력을 기르는 지름길이다!

① 관심을 갖는다.
② 숫자의 정의를 알고 있다.
③ 숫자와 숫자 사이의 연관성을 이해한다.
④ 기본적인 개별 숫자를 파악한다.
⑤ 미지의 숫자에 대해 추론할 수 있다.
⑥ 수치를 구체화한다 ⇒ 목표달성 과정이 보이고 의욕이 높아진다.

목표를 달성하고 싶다면
숫자로 생각하자!

2

숫자력을 키우는 7가지 노하우

1
+
2
3
%
100

전체 숫자를 생각하라

숫자력이 무엇인지 이야기했으니 이번에는 '숫자를 보는 원칙'에 대해 알아보기로 하자.

문장과 문장을 읽는 방법이 있듯이 숫자를 읽는 방법에도 기본이 있다. "숫자라면 머리가 아프다"는 사람은 숫자를 제대로 읽을 줄 모르는 경우가 대부분이다.

우선 '숫자'란 그 자체로는 아무 의미를 갖지 않는다는 점을 알아 둘 필요가 있다. 어떤 숫자든 비교할 대상이 있을 때만 의미를 갖는다. 그중 하나가 '비율' 감각이다.

그 숫자는 전체에서 어느 정도의 비율을 가지는가?

그 숫자가 속한 전체 숫자는 얼마나 되는가?

예를 들어 지난 2004년에 연금누락이 문제시 되었던 일본 사회보험청(후생노동성의 산하기관 – 옮긴이)의 경우, 누가 어디에 속하는지 알 수 없는 데이터가 5,000만 건이나 존재했다고 한다(일부는 해명되었다).

처음 그 숫자를 들었을 때 독자들은 무엇을 떠올렸는가? 대부분은 엄청난 숫자에 놀라면서 사회보험청의 안일한 대처를 성토했을 것이다(실제로 조직은 2009년에 해체의 수순을 밟았다).

그러나 5,000만 건이라는 숫자를 듣고 내가 가장 먼저 생각한 것은 "전체는 몇 건이나 될까?"였다. 1억분의 5,000만? 아니면 10억분의 5,000만? 그것도 아니면 100억분의 5,000만? 전체의 몇 퍼센트인지 알지 못하는 상황에서는 얼마나 큰일이 벌어졌는지 판단할 수 없다.

이제 추측을 시작할 단계다. 앞서 이야기한 일련의 과정에 대한 복습이라고 생각하고 추측해보기 바란다(사회보험청에서 확인해줄 내용은 아니지만).

먼저 일본의 인구를 따져보자. 앞에서 1억 2,000만 명이라고 언급한 바 있다. 일본의 연금은 현재 20세 이상이라면 누구나 가입해야 하는 것이므로 사회보험청은 등록이 불가한 일부 계층과 미성년자를 제외하고 거의 1억 명분의 데이터를 보관하고 있으리라 예상할 수 있다.

이번에는 1인당 기록의 숫자를 생각한다. 연금기록은 매달 이루어지고 있으니 한 사람이 1년간 갖게 되는 데이터는 12건. 그것이 40년 동안 반복되니 한 사람이 평생 기록한 데이터 건수는 480건이라는 추측이 가능하다.

480건의 데이터가 1억 명 분량이면 480억 건이 된다. 단, 현재 연금을 받고 있는 사람은 전체 등록 인원의 절반 정도다. 따라서 약 240억 건 정도의 데이터가 보관되어 있을 것으로 예상할 수 있다.

그렇다면 뉴스에서 발표한 5,000만 건은 전체 240억 건의 몇 퍼센트일까? 전체의 몇 퍼센트인지 생각해보자. 1퍼센트는 2억 4,000만 건, 0.5퍼센트가 1억 2,000만 건이니까 5,000만 건은 0.2퍼센트에 해당된다.

물론 비율이 적으니까 실수를 저질러도 괜찮다는 뜻은 아니다. 오히려 그 정도의 숫자이기 때문에 누락되었다고 의심이 가는 사람은 일정한 근거를 갖춘다면 연금을 정산하여 지급할 수 있으리라는 생각이 들었다.

0.2퍼센트 정도로 사회보험청의 즉각적인 폐쇄나 정부의 무능함을 탓하는 것은 다소 억지스러운 반응이라 생각한다.

그보다는 이 사건을 계기로 연금제도 자체에 대한 본격적인 논의가 이루어져야 하지 않을까? 줄어드는 인구, 피라미드 구성비 등의 사회변화 속에서 사회보장제도가 이대로 좋은지 진지하게 토론해볼 기회가 될 수 있다.

불과 몇 년 전에 세운 '100년은 족히 걸릴 사회보장개혁'이 흔들리고 있는 현실을 직시하고, 사소한 잘못으로 더 소중한 것을 잃을 수 있음을 알아야 한다('사소하다'는 이유로 본질을 흐리고 있지 않은지 돌이켜볼 필요가 있다).

'5,000만 건'이라는 숫자를 듣고 이와 같은 발상을 하게 된 이유도 전체 숫자, 사회 전체에서 차지하는 비율을 생각했기 때문이다(단순한 추측이므로 정확한 숫자는 알 수 없다).

내용을 정리해보자.

전체를 파악함으로써 숫자의 의미를 알고, 문제의 본질을 정확하게 이해할 수 있다.

연습문제

Q. 일본 개인의 연간 소비합계액은 얼마일까?

힌트 '1인당 소비액 × 인구'로도 추측이 가능하다.

큰 숫자를 틀리지 마라

이번에 소개할 숫자 보는 원칙은 다음과 같다.

먼저 큰 숫자를 떠올린다.
작은 숫자에 연연해 큰 숫자를 틀리지 않는다.

방법은 계산할 때와 비슷하다. 당연한 일이지만, 사람들은 작은 숫자에 신경 쓰느라 큰 숫자를 잊어버리는 경우가 종종 있다. 다소 길어질 수도 있지만 개인적인 경험을 소개하고자 한다.

내가 사회인으로서 첫발을 내딛었던 곳은 도쿄 은행(현재

미츠비시 도쿄 UFJ은행)이었다. 주요 업무는 외국환, 그중에서도 '포지션 관리'였는데, 쉽게 말해 외국 화폐를 사고 팔 때 발생하는 차액을 관리하는 업무였다.

당시 도쿄 은행은 국내 유일의 외국환 전문은행이었기 때문에 내가 속해 있던 본점 영업부는 하루 종일 수억 달러 단위의 돈이 드나들었다. 지금은 단위가 훨씬 커졌을 테지만 20여 년 전, 1달러가 250엔이던 시절에 매일같이 500억 엔 상당의 돈이 거래되었던 것으로 기억한다.

움직이는 금액도 컸지만 사실은 사고 팔 때의 차액이 더 중요했다. 거래할 때 금액이 같아도 환율이 움직이면 손 쓸 방법이 없었다. 예를 들어 팔려는 쪽이 2,000만 달러 더 많으면 그날 '포지션'(기준)은 2,000만 달러가 된다. 이런 경우, 1엔만 움직여도 2,000만 달러를 순식간에 손해 볼 가능성이 있다. 따라서 상황이 바뀔 때마다 '포지션' 금액을 딜러에게 알려줘야만 하는 일이었다.

사실, '포지션' 계산은 달러에만 국한되는 게 아니었다. 파운드와 오스트레일리아 달러, 프랑만 해도 스위스 프랑, 프랑스 프랑, 벨기에 프랑이 각각 달랐다. 모든 화폐의 관리를 본점 영업부에서 거의 혼자 관리하던 시기도 있었다. 그만큼 업무에 어느 정도 재능도 있었다(결코 자랑이 아니다).

하지만 나고야 지점에서 같은 업무를 맡았을 때는 그렇지 못했다. 당시 너무 일이 서툴어서 본점 영업부의 10분의 1도 되지 않는 외국환의 잔고 계산조차 틀리기 일쑤였다. 하루가 멀다 하고 본부와 직속 상관에게 혼나며 잘못을 수습하기에 바빴는데, 본점 영업부로 이동한 뒤 다루는 금액의 규모가 커지자 별안간 일이 수월해졌다.

그 이유가 무엇일까? 비결은 먼저 큰 숫자를 파악했기 때문이다.

사실 나고야 지점에 근무할 당시에는 벨기에 프랑이나 홍콩 달러처럼 수십 종류가 넘는 외국 통화를 머릿속에서 전부 달러로 환산해 더하거나 빼면서 계산했다.

달러를 기본으로 파는 건 얼마, 사는 건 얼마…… 이런 식으로 '포지션'을 정했다.

무의식중에 자잘한 계산에 신경 쓰느라 가장 중요한 전체적인 액수를 관리하는 데 소홀했던 것이다.

그런데 본점 영업부로 자리를 옮기고 보니 소수점 자리의 금액을 따지다가는 제시간에 업무를 볼 수가 없었다. 어쨌든 전체 통화의 80퍼센트를 차지하는 미국 달러의 움직임만 제대로 파악하고 있으면 다른 통화에서 사소한 실수가 생겨도 크게 지장이 없었다. 다른 나라의 통화 역시 커다란 틀만 맞

작은 숫자에 연연해
큰 숫자를 틀리지 말자.

춰 놓으면 큰 손실은 생기지 않았다. 생각하는 방식을 바꾸니 실수가 줄어들면서 일에서도 능력을 발휘할 수 있었다.

비즈니스 세계에서는 전체적으로 어떻게 흘러갈 것인지 흐름을 파악하는 것이 무엇보다 중요하다. 흔히 복사할 때 이면지를 쓰고 점심시간에 컴퓨터를 끄는 방법으로 연간 몇 만 엔을 아꼈다고 자랑하면서도 정작 중요한 거래에서는 몇 천 만 엔이나 손해가 나는 계약을 맺었다는 경영자도 있다. 이래서는 근본부터 잘못된 것이다.

물론 자세한 속사정이야 알 길이 없지만 "나무를 보고 숲을 보지 못한다"는 말처럼, 나는 작은 일에 집착하다 전체를 잃는 경우를 수도 없이 보아왔다. 숫자도 마찬가지다.

특히 숫자를 다루다 보면 작은 단위의 숫자가 많이 등장하는데 여기에 위축되지 말아야 한다. 매출액을 계산할 때 1엔 단위까지 정확하게 기억하려고 하기보다는 맨 앞의 큰 액수 몇 억 엔이나 몇 천만 엔 정도만 파악해 놓으면 실전에서 많은 도움이 된다(자릿수를 실수하지 않는다면 처음 두 자리만으로도 충분하다).

나는 10여 개 기업의 사외 임원을 맡고 있어 매달 엄청난 수의 임원회의에 참석한다. 내가 속한 기업의 능력 있는 경영자들 중에는 "작은 숫자는 필요 없다. 오히려 경영에 필요한 큰 숫자만으로 보고하는 게 판단하기가 쉽다"고 말하는 경우가 많다. 숫자의 자릿수를 틀리게 기억하는 사람과는 경영감각 면에서 완전히 다른 면모다.

성공한 경영자라고 해서 그들이 무조건 작은 숫자를 무시한다는 말이 아니다. 그들은 작은 단위에 신경 쓰면서도 큰 흐름은 절대 놓치지 않는다는 얘기다.

전체와 개별적인 균형을 살피면서 큰 틀에서 절대 벗어나지 않는 것이 무엇보다 중요하다.

연습문제

Q. 일본의 지난해 수출총액과 수입총액의 차액(무역수지)은 얼마인가?

힌트 이 문제의 답을 모른다면 추론해도 상관없다. 인터넷이나 경제신문의 '경기지표'를 참고하되 (앞에서 4자리까지 나와 있다) 단 몇 조 단위로도 충분하다. 일본이 무역 흑자국이라는 사실을 알고 있다면, 미국은 흑자국인가, 적자국인가?

자릿수에 주의하라

모양이나 형태를 '피규어'라는 단어로 표현하곤 하는데, 이것은 오타쿠의 컬렉션 따위를 가리키는 말이 아니다. 영어 피규어figure에는 '숫자'라는 의미가 있다. 그것도 단위가 큰 숫자를 말할 때 사용된다.

여기까지 말하면 앞 장의 내용과 중첩되지 않느냐고 반문할 수도 있을 것이다. 확실히 많은 부분 닮아 있지만 앞에서는 전체적인 계산에서 틀리지 않는 게 중요하다는 내용인데 반해, 이번에는 개별적인 숫자에 있어서도 큰 단위의 수를 실수하지 말아야 한다는 것이다.

외국환 매매 이야기로 다시 돌아가서, 나는 근무 초반 포지션 관리와 더불어 딜러의 비서 역할을 겸했던 시절이 있었다. 직접 고객(본점 영업부였기 때문에 상대는 이름만 들으면 알 수 있는 대기업뿐이었다)으로부터 전화를 받아 딜러에게 주문내용을 전달하는 것이 나의 주요 임무였다.

여기서 잠깐 외국환 매매에 대해 설명하면, 독자들도 TV에서 딜러가 "지금 달러 109엔 10전에서 20전"이라고 외치는 장면을 본 적이 있을 것이다. 과연 "10전에서 20전"이란 어떤 의미일까?

보통 사람들은 막연하게 그 가격 사이에서 거래가 이루어진다고 인식할 수 있지만 정확하게 말하면 그런 의미가 아니다. 이것은 외국환 시장에서만 통용되는 화법으로, "109엔 10전이었던 달러를 산다, 20전일 때 팔겠다"라는 뜻이다. 사고 팔 때의 가격을 한 번에 외쳐서 거래에 참여하는 것이다. 이때의 금액 차이를 '시세폭', 혹은 '가격폭'이라고 한다.

일반적으로 외환시장에서의 가격은 큰 폭으로 움직이지 않기 때문에 딜러들은 "10전, 20전"으로 엔을 생략한 채 전錢 단위로, 그것도 아주 작은 시세폭만을 고객에게 알린다.

상대방이 "10전"이라고 하면 은행은 상대방에게 달러를 사고, "20전"이라고 하면 은행이 달러를 파는 것이다. 일일이

"얼마에 팝니다, 삽니다" 하지 않고 전 단위의 숫자만 결정해 알리는 방식이다.

'10전 따위의 시세폭이 얼마나 되겠어?' 하고 우습게 생각 수도 있을 것이다. 그러나 상대방이 금융기관인 경우라면 거래액은 최소 100만 달러 이상, 경우에 따라서는 몇 억 달러에 달하기도 한다. 이런 경우, 10전만 달라져도 1,000만 엔의 차액이 발생한다.

이른바 '빅 피규어'를 놓치는 경우는 시장이 과열되어 고객으로부터 전화가 빗발칠 때다. 시장이 크게 요동칠수록 그 충격은 고스란히 딜러에게 전해진다. 그런 날에는 수화기를 양쪽에 하나씩 들고(컴퓨터가 없던 시절이라 모두 전화로 거래했다) "10전, 50전"이라고 목이 터져라 외쳐야만 했다(시세폭이 크면 시장이 과열되고, 폭이 작으면 시장의 움직임이 둔해진다고 볼 수 있다).

시장의 흐름이 급격하게 변하는 날은 '빅 피규어', 즉, 엔 단위가 얼마였는지 헷갈리는 바람에 고객이 금액을 착각하는 일도 벌어진다. 매매가 성립된 후에 전 단위는 맞는데 엔 단위에서 착오가 생긴다면 큰일이다. 1,000만 달러 거래에서 1엔만 틀려도 어느 한쪽은 1,000만 엔을 손해 보는 사태가 벌어지기 때문이다. 그것도 몇 초 안에.

게다가 과열된 시장 상황 속에서는 평소에는 움직이지 않던 엔 단위가 몇 엔씩 움직이기 때문에 딜러들은 초긴장 상태가 되어버린다. 내가 근무하던 당시, 하룻밤에 7엔 가까이 오르내린 날이 있었다. 그럴 때 '빅 피규어'를 잘못 인식했다가는 순식간에 엄청난 액수의 손실을 감수해야 한다.

회사의 매출도 1,000만 엔, 2,000만 엔과 같은 숫자는 달라져도 억 단위의 피규어(숫자)만 맞으면 크게 판단 착오를 일으킬 만한 일은 일어나지 않는다. 앞에서도 언급한 것처럼 경영회의나 임원회의 때 작은 숫자를 하나하나 보고하는 사람이 있는데, 업계의 움직임을 꿰뚫고 있는 사장이라면 당연히 이렇게 말할 것이다.

"1엔 단위 숫자는 필요 없으니까 100만 엔 단위로 보고하세요. 작은 숫자가 나오면 틀리기 쉬우니까."

경영자 입장이라면 가끔은 뒷자리 숫자를 떼고 보는 편이 도움이 된다.

단, 앞에서 예로 든 외환 딜러의 경우 시장이 움직일 때는 '빅 피규어'에 집중해야 하지만, 시장이 잠잠할 때도 '빅 피규어'를 중심으로 말하다가는 자칫 계산상 착오를 불러올 수 있다.

시장이든 프레젠테이션이든 그때 상황에 따라 상대방이

가장 판단하기 쉬운 단위의 숫자를 말한다. 어떤 자리까지의 숫자를 말해야 할지, 혹은 생략해야 할지 순간적으로 판단하는 능력이 중요하다.

연습문제

Q. 오늘 달러 환율은 얼마인가? 신문이나 TV, 인터넷에서 확인해보자. 그리고 시장에서 가격폭이 얼마나 되는지 알아보자.

중요한 숫자는 작은 단위까지 기억하라

물론 작더라도 중요한 숫자가 있다. 상황에 따라서는 그것이 10엔이 될 수도, 1엔이 될 수도 있다. 예를 들어 교세라(일본의 생활용품 기업)는 '인시 생산성人時生産性' 수치를 경영의 중요한 지표로 삼고 있다.

'인시 생산성'이란 근로자 1인당 부가가치액을 말하는데, 내 거래처 중에도 '인시 생산성'을 경영지표의 중심으로 삼는 기업이 있다.

'인시 생산성'에서는 '근로자 1인 1시간에 3,575엔'처럼 엔 단위까지 정확하게 파악해 정해놓고 있다. 경영자 역시 '3,500엔', 혹은 '3,600엔'으로 뒷자리를 자르거나 반올림하여 계산하지 않는다.

예를 들면 어떤 기업에 5,000명의 종업원(실제 인시 생산성을 지표로 한 거래처의 종업원수다)이 있다고 하자. 아르바이트생을 포함해 한 달 평균 근로시간을 150시간으로 잡았을 때 앞서 인시 생산성 '3,575엔'과 '3,600엔'의 차액은 25엔이다. 25엔은 아주 작은 금액이지만 25엔 × 150시간 × 5,000명 = 1,875만 엔으로 계산하면 한 달에 1,875만 엔, 1년으로 따지면 2억 2,500만 엔의 엄청난 차액이 발생한다.

자스닥Jasdaq(우리나라의 Kosdaq에 해당된다 – 옮긴이)에 상장되는 수준의 회사라면 2억 엔의 차액은 실적과 주가에도 영향을 미칠 만한 큰 금액이다. 따라서 중요한 숫자인 경우에는 작은 단위의 변화에도 주의해야 한다. 상황에 따라 적절하게 균형을 유지할 줄 아는 숫자력이 중요하다.

연습문제

Q. 일본의 최근 '합계특수출생률'은 얼마인가?

힌트 콤마(,) 아래 숫자가 중요하다. 인터넷으로 합계특수출생률의 정의에 대해 조사해보자.
0.1 차이만으로 50년 후 일본의 예상 인구수가 어떻게 달라지는지 계산해보는 것도 좋다. 지난 20년 간의 추이를 살펴보면 놀랄 만한 사실을 알 수 있을지도 모른다.

용어를 정확하게 이해하라

1장에서 설명한 바와 같이 숫자를 다룰 때는 용어에 대한 정의를 정확하게 이해하는 것이 무엇보다 중요하다.

주식 상장에 관심을 갖는 사람들은 '닛케이 평균주가'를 참고하는 경우가 많은데, 과연 '닛케이 평균주가'란 무엇일까? 'TOPIX'라는 말은 이것과 어떤 차이가 있을까?

'닛케이 평균주가'라고 하면 대부분의 사람들이 상장된 전체 기업의 주가에 대한 평균치라고 생각한다. 하지만 이것은 대표적인 종목 225개의 평균치다(일본을 대표하는 기업은 언제든지 바뀔 수 있으므로 대표적인 종목은 얼마든지 달라질 수 있다).

왜 225개 종목에 한해서 평균을 내는지 궁금할 텐데 '닛케이 평균주가'와 곧잘 비교되는 '다우지수'(미국의 통신사인 다우존스 사가 발표하는 주가지수 – 옮긴이)는 단 30개 종목으로 평균치를 계산한다.

반면 TOPIX[Tokyo stock price index], 즉, '도쿄 증권지수'는 도쿄증권거래소 1부 시장에 상장된 모든 종목을 대상으로 평균치를 계산한 지수를 말한다.

정의를 애매하게 알고 있는 상태에서는 숫자를 다루는 일에 혼돈과 어려움이 따를 수 있다. 반면 정의를 정확하게 알면 숫자를 보다 쉽게 활용하는 동시에 숫자의 습성도 빨리 파악한다.

이와 달리 정의를 제대로 알지 못하면 숫자의 속임수에 손해를 입거나 막연한 추측으로 판단을 그르칠 수 있다.

예를 들어 현재 닛케이 평균주가는 대표 종목 225개로 일본 전체의 주가 변동을 나타내고 있지만 사실 이것은 어디까지나 근사치로 표현한 것일 뿐 100퍼센트 정확하다고는 볼 수 없다.

현재 225개의 닛케이 평균과 연동된 펀드도 판매되고 있으며, 대표 종목 위주로 거래되다 보니 이들 225개 종목만 주가가 오르는 경우도 있다. 따라서 닛케이 평균주가가 어떻게 계산되는지 알면 여러 모로 유익할 것이다.

재무제표도 마찬가지다. 대표적인 예가 '매출원가'인데, 단순히 구입원가라고 생각하기 쉽지만 사실은 그렇지 않다.

'매출원가'란 구매한 품목 중에서 팔린 만큼만 원가를 계산해 숫자로 나타낸 것이다.

그러므로 아무리 많이 구입했더라도 팔리지 않았다면 원가(=비용)에 포함되지 않는다(팔리지 않은 것은 어떻게 될지 생각해 보자).

마찬가지로, '매출총이익'이나 '영업이익', '경상이익', '당기순이익'의 차이를 확실하게 이해하지 못하면 아무리 숫자의 변화나 다른 기업과 비교한 데이터를 확보하고 있어도 그 숫자를 통해 기업의 상황을 파악하기란 거의 불가능하다.

숫자를 별로 중요시 하지 않는 사람들은 용어의 개념에 대해 공부하지 않는다는 공통점이 있다. 조금만 공부해도 도움이 될 텐데 귀찮다거나 어렵다는 핑계로 멀리해버리는 것이다.

숫자를 보려면 우선 숫자의 정의를 확실하게 알아 둘 필요가 있다.

그리고 정의는 '외우는' 것이 아니라 '이해하는' 것이다.

직장인으로서 어떤 숫자의 정의를 알아 두면 좋을까? 책의 뒷부분에 부록으로 정리해 두었으므로 참고하면 도움이 될 것이다.

연습문제

Q. '매출원가'와 '제조원가'의 차이는? 둘 사이의 차액은 어떻게 생기는 것일까?

시계열로 분석하라

이 책의 도입부에서 이미 말했지만, 숫자는 비교할 대상이 없으면 본질적으로 어떤 의미를 갖고 있는지 판단할 수 없다.

숫자 표현은 전체 안에서 비율을 따지는 대표적인 방법 외에도 전년도대비, 연간 추이와 같은 방법으로 이루어진다.

연간 추이로도 판단하기 어려운 숫자는 전년도 같은 달과 비교함으로써 새롭게 의미를 갖기도 한다. 10년, 20년 간 지속적으로 동일한 조건 하에서 수치를 기록한다면 꽤 많은 사실을 알 수 있을 것이다.

이와 같이 시계열Time Series(시간 경과에 따라 변동하는 값을 관측값으로 기록한 것 – 옮긴이)로 보는 것도 숫자를 보는 기본 방법 중 한 가지다.

나는 업무(혹은 취미) 때문에 다양한 숫자를 '매일', '매주', '매월' 시계열로 관리하고 있다. 예를 들면 '닛케이 평균주가'는 취업한 이래 빠뜨리지 않고 체크하고 있는데, 그 결과 '평균주가'라는 무기질의 숫자로부터 일본 경제의 움직임을 거의 읽을 수 있게 되었다.

80년대 초 사회생활 2년차가 지날 무렵 나는 상사와 닛케이 평균주가가 언제 1만 엔을 넘을지 내기를 걸었다. 얼마 지나지 않아 주가가 1만 엔을 돌파했을 때 뉴욕 다우지수는 1,000달러를 넘어섰다. 그때부터 닛케이 평균주가와 뉴욕 다우지수에 관심을 갖게 되었다.

일본의 버블붕괴 직전의 평균주가는 38,915엔 87전까지 뛰어 올랐고, 1989년 12월 29일, 주가는 4만 엔을 코앞에까지 올라 최고치를 기록했다. 그 후 2003년에 평균주가가 7,000엔대까지 떨어지면서 일본 경제가 바닥으로 추락한 것은 리소나 은행りそな銀行에 공적 자금이 투입된 직후였다.

2007년에 주가는 15,000엔 정도였다. 약 25여 년 동안 1.5배 상승한 셈이다(집필 당시 서브프라임 모기지론 사태로 인해 2008년 1월에는 13,000엔까지 떨어지기도 했다). 같은 시기에 1,000달러였던 다우지수는 1만 달러 이상, 그러니까 약 10배 정도 올랐다(산출대상이 다르기 때문에 미국과 일본 경제규모의 차이가 그대로 반영되었다고는 말할 수 없다. 미국 역시 서브프라임 사태로 인해 숫자의 변동이 많았다).

닛케이 평균주가도 10년이 채 되지 않는 기간 동안 4배 정도 올랐다. 그런 기세로 계속 상승했다면 10배 이상도 가능했겠지만 버블붕괴 속에 일본 경제와 주가는 오랜 기간 정체기를 겪었다(서브프라임 사태에 대한 미국의 대응이 얼마나 중요한지 알 수 있다).

같은 기간 명목GDP는 약 2배 성장했다. 주가보다는 성적이 조금 나은 편이다(명목GDP의 정의가 생각나지 않는 사람은 1장으로 다시 돌아가 확인한다. 정의를 절대 놓치지 말아야 한다).

연습문제

Q. 자신의 체중을 시계열로 알고 있는가?

(앞서 말했듯이 나는 지난 10년 간 매일 일기에 그날의 체중을 기록하고 있다. 매일 체중을 체크하면 확실히 살이 잘 찌지 않는 것 같다.)

다른 숫자와 비교하라

시계열로 숫자를 체크한다는 것은 '현재를 과거와 비교', 즉 수직 방향의 비교를 의미한다.

물론 수평 방향의 비교도 중요하다. 수평 방향은 동종 업계 기업, 혹은 다른 나라와의 비교, 또는 닛케이 평균주가와 뉴욕 다우지수의 비교, 미국과 EU와의 GDP 비교, 도요타와 닛산의 매출과 수익 비교 등이 대표적인 예다.

대부분의 숫자는 다른 기업이나 다른 나라의 데이터를 비교함으로써 보다 다양한 의미를 갖는다.

최근 TV를 통해 일본의 지니계수(Gini's Coefficient : 인구와 소득 분포를 나

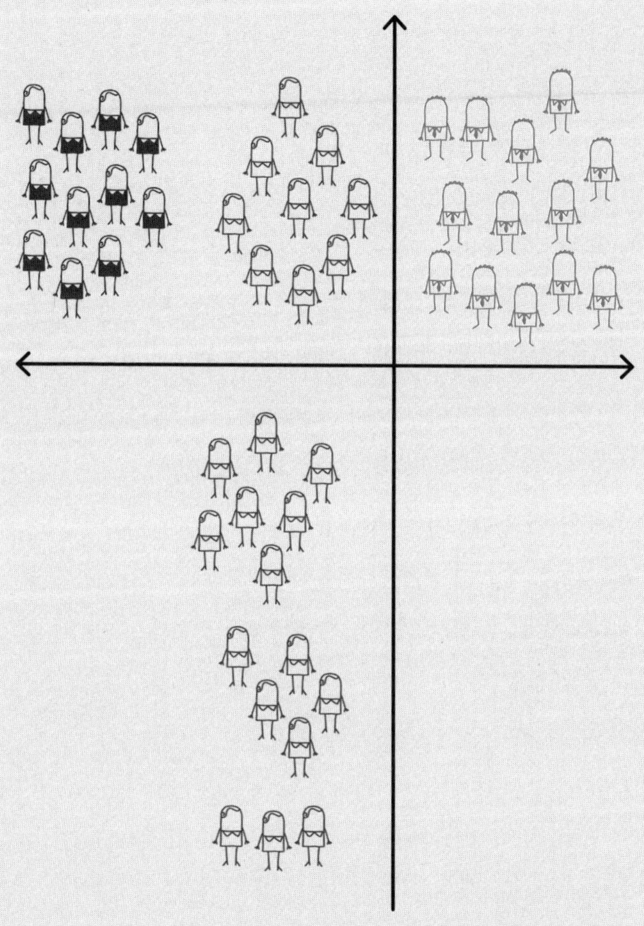

수직 방향과 수평 방향에서 비교한다.

타낸 통계지수 – 옮긴이)가 상승하면서 계층 간 소득격차가 사회 문제시되고 있다는 뉴스가 자주 등장한다. 그렇다면 일본은 주요 선진국과 비교해 어느 정도 수준인지 생각해볼 수 있다.

마찬가지로 일본의 노동분배율은 낮은 편, 혹은 높은 편인지, 현재 다니고 있는 기업의 수익률은 동종 업계 다른 기업과 비교해 어떤 수준인지, 원가율을 비롯한 ROE Return On Equity : 자기자본이익률 등의 다양한 수치는 표준치나 다른 기업의 수치와 비교를 통해 의미가 확실해진다(업계에서의 위상을 체크하는 일도 넓은 의미에서는 남과의 비교에 해당된다). 어느 정도의 비율을 차지하는가? 자신이 다니는 회사의 순위는?

숫자 비교에서 가장 이해하기 쉬운 것은 아마도 시험성적과 편차일 것이다. 시험점수는 자체만으로는 평가결과에 불과하지만 평균 점수나 편차 등을 통해 그 숫자가 의미를 갖기 시작한다.

의학적인 수치도 마찬가지다. 정상적인 혈압이나 혈당치 등은 많은 사람을 샘플집단으로 해 통계를 내어 처리한 수치다. 이 수치로 자신의 데이터가 정상인지 아니면 위험한 수준인지 판단할 수 있다. 다시 말해 평균과의 비교, 정상치·기준치와의 비교를 통해 보다 정확한 결과를 얻는 것이다.

연습문제

Q. 미국과 일본의 인구와 GDP를 조사하고 1인당 GDP를 비교해보자.

힌트 어느 쪽이 더 높을 것으로 예상하는가? 두 나라의 지난 10년 간 인구증가 형태를 비교해보면 재미있을 것이다.

요점 정리

숫자력을 키우는 7가지 노하우

① 전체 숫자를 생각하라.
② 큰 숫자를 틀리지 마라.
③ 자릿수에 주의하라.
④ 중요한 숫자는 작은 단위까지 기억하라.
⑤ 용어를 정확하게 이해하라.
⑥ 시계열로 분석하라.
⑦ 다른 숫자와 비교하라.

3

숫자력을 떨어뜨리는 6가지 함정

1 +
3 2
%
100

주관의 함정

다시 한 번 얘기하지만 '숫자력'이라는 것은 숫자를 활용함으로써 그 숫자와 배후에 있는 다양한 현상과 현재 위치, 동향 등을 파악하는 능력을 말한다. 그리고 숫자력을 근거로 미래를 예측할 수 있다.

또한 장기간에 걸쳐 그 분야의 숫자를 관찰하면 그 숫자에 대한 감각이 생기는 동시에 '구체화'를 통해 목표달성에도 한 걸음 더 나아갈 수 있다.

그런데 사람들은 일상에서 숫자를 접할 때 감각적인 오류로 인해 적지 않은 실수를 저지른다. 그래서 기업들이 이와 같은 감각의 오류를 이용한 광고를 하는 경우가 많다. 이른바 '숫자 트릭'이 대표적이다.

예를 들어 '19,800엔', '1,998엔'처럼 20,000엔, 2,000엔과의 미미한 차액을 내세워 소비자로 하여금 심리적으로 10배 이상의 차이를 느끼게 하는 것이다. 기존에 갖고 있던 숫자력이 오히려 '숫자력'을 방해하는 셈이다.

3장에서는 이처럼 '숫자력'을 떨어뜨리는 대표적인 함정 6가지를 소개하기로 한다.

급여 100엔 차이의 의미

성과주의에 대한 비판의 목소리가 높지만 부분적으로 급여 체계에 성과를 반영하는 기업이 대부분이다. 비록 소수이긴 하나, 내가 샐러리맨이었던 20여 년 전에도 성과주의는 엄연히 존재했다. 상사들은 신입 사원들에게 입버릇처럼 말했다.

"처음에는 급여가 100엔 정도씩밖에 차이가 나지 않는다."

입사 초기에는 100엔이라는 차액에 신경이 쓰일 수밖에 없었다. 단돈 100엔이라도 동기보다 적을지 모른다는 생각에 항상 불안했다.

일상 속에서 100엔이라는 금액은 사실 별 게 아니다. 연간 소득으로 계산해도 1,200엔에 불과하며, 캔 음료 1개 가격에 불과하다. 동전을 넣고 자판기 고장으로 음료수가 나오지 않아도 쉽게 포기할 수 있는 금액인 것이다. 그런데도 월급에서의 100엔 차이는 이상하리만치 신경이 쓰였다.

왜 그럴까? 이유는 간단하다. 월급에서 100엔은 금액의 문제가 아니라 '평가점수'이기 때문이다. 말하자면 자신에 대한 회사나 상사의 평가가 반영된 수치이기 때문이다.

이처럼 어떤 상황에서는 숫자가 금액 자체로서의 의미만 있는 것이 아니다. 숫자의 진정한 의미와 가치는 각자의 '주관'에 달려 있다. 당연한 일인 것처럼 보이지만 가끔 사람들은 그러한 사실을 잊어버린다.

1억 엔짜리 롤렉스와 200만 엔짜리 롤렉스 시계

또 한 가지 예를 들어보자. 예전에 고객을 데리고 뉴욕으로 연수를 간 적이 있었는데, 그곳에서 롤렉스 시계를 취급하는 업체의 사장을 특별강사 중 1명으로 초빙해 이야기를 듣는 시간이 있었다. 그는 그 자리에 1억 엔짜리 골동품 롤렉스를 갖고 나와 참가한 수십 명의 경영자들이 착용해볼 수 있도록 했다. 세계에서 2개밖에 없는 희귀 골동품이란 말에 모두 한 번씩 돌려가며 시계를 차고 기념사진을 찍었다.

시계를 판매하러 온 것이 아니었기 때문에 진귀한 경험은 그것으로 끝났지만 강연을 듣던 경영자들 중 몇 명은 "1억 엔짜리는 못 사지만 200만 엔짜리 롤렉스 시계라면 구입하고 싶다"는 의사를 밝혔다.

이쯤 되면 눈치 빠른 독자들은 내가 무엇을 말하고자 하는지 알 것이다. 롤렉스 시계는 본래 가격대가 높지만 50만 엔 정도의 보급형 모델도 있다. '200만 엔짜리 롤렉스'라고 쉽게 말하지만 사실 일반적인 기준에서 볼 때 이 금액은 매우 고가에 해당된다(참고로 나는 요도바시 카메라에서 구입한 35,000엔짜리 전자시계를 차고 있다).

그런데 200만 엔이라는 금액이 1억 엔짜리 롤렉스를 본 이후에는 만만하게 느껴지는 것이다. 심지어 그 자리에서 구매하면 이득일지 모른다고 생각하는 사람도 있었다.

이와 같은 심리, 혹은 착각은 악의적인 상술에 종종 이용되기도 한다. 처음에 비싼 물건, 혹은 반대로 아주 저렴한 물건을 보여주고 다음 순서로 팔고자 하는 가격대의 상품을 보여주는 것이다. 그렇게 하면 사람들의 구매기준 자체가 높아져 매출을 높이기가 수월해진다.

100엔은 OK,
30엔은 NO!

롤렉스 시계의 경우처럼 실제로 사람들은 숫자를 주관적으로 평가하는 경향이 의외로 강하다. 이른바 '명품'이라 불리는 브랜드 상품은 이러한 경향이 십분 발휘되는 대표 주자이다. 만일 롤렉스 시계가 50만 엔이나 100만 엔짜리가 아니라 5만 엔으로 살 수 있는 상품이었다면 지금과 같은 상징적인 위치에 오를 수 있었을까?

경제학의 기본에서 "상품은 퀄리티[질]와 서비스가 같다면 가격이 쌀수록 잘 팔린다"라고 배우지만 실상은 그렇지 않다. 왜냐하면 경제학을 전제로 한 완전한 경쟁상태나 항상 합리적으로만 판단하는 '인간'은 현실에 존재하지 않기 때문이다.

언제 어디서든지 사람들의 판단에는 '주관'이 끼어들 수밖에 없다.

예를 들어 1개에 120엔짜리 음료수를 자판기를 통해 30엔에 팔고 있다면 순식간에 동이 날 정도로 잘 팔릴까? 대답은 "NO"이다. 사람들은 그저 "유통기한이 얼마 남지 않은 물건일 거야" 하고 의심만 할 뿐이다.

30엔이라는 금액은 경계심을 갖지 않을 만큼 지나치게 싼 가격이다. 그렇다면 50엔이라면 어떨까? 아직 너무 싸다고 느낄 것이다. 그렇다면 50퍼센트에 해당되는 60엔은? 80엔? 100엔이라면?

나라면 100엔이나 80엔 정도여도 사겠지만 가치 있게 구매한다고 느끼는 수준은 사람마다 다르다.

혹시 자판기의 주인이 감사하는 마음으로 '자판기 설치 10주년 기념, 하루 ○개 한정 30엔'이라고 써 붙인다면 30엔이라도 안심하고 구매하는 사람이 있을 것이다.

숫자란 절대적이며 변하지 않는 객관적인 대상이긴 하지만 사람마다 숫자에 대한 감각은 다를 수 있다. 경제 논리로는 가장 저렴한 30엔에 사는 게 정답이겠지만 그 30엔이라는 숫자에 대해 심리적으로 각각 다른 가치가 더해지는 것이다. 따라서 이때의 숫자는 절대적이라고 단정 지을 수 없다.

객관적인 숫자력을 길러라

사람에게 본래 숫자에 대한 감각이 있다고 해도 그 기준은 사람에 따라 많은 차이를 보인다. 10만 엔짜리 프라다 가방을 '싸다'고 생각하는 사람이 있는가 하면 그렇지 않은 사람도 있다. 또 공연장에 사람들이 모인 것을 보고 "1만 명 정도 되겠네"라고 말하는 사람이 있는가 하면 "10만 명이나 모였네" 혹은 "1,000명도 채 안 되겠는데"라고 표현하는 사람도 있다. "사람들이 붐빈다" 정도로 사람수를 아예 생략해버리는 사람도 있을 수 있다.

과연 이와 같은 숫자력의 차이는 어디에서 오는 것일까?

그것은 평소 그 사람이 무엇을 어떻게 보느냐에 달려 있다. 시종일관 브랜드 상품에만 눈을 맞추고 있는 사람과 그다지 쇼핑을 좋아하지 않는 사람의 프라다 가방의 가격에 대한 감각은 당연히 다를 수밖에 없다.

따라서 보다 객관적인 숫자력을 기르기 위해서는 평소 다양한 상품을 접하는 것이 중요하다. 어떤 상황에서든지 숫자에 주의를 기울이면서 상품을 보고, 자신이 갖고 있는 상식에 근거해 가격이 합당한지를 판단하는 것이다.

만일 공연이나 경기를 보러 갔다면 "도쿄돔은 56,000명을 수용할 수 있으니 오늘 입장한 관객은 ○명 정도 되겠다"는 식으로 생각하는 것이다.

사실 이렇게 말하고 있는 나조차도 요즘 시세를 제대로 파악하지 않은 채 충동 구매한 적이 있었다. 고급 위스키인 발렌타인 17년산이 그 주인공이다.

내게는 아직도 1만 엔에 대한 과거의 감각이 강하게 남아 있다. 그래서 부하 직원으로부터 "아키하바라(도쿄 최대의 전자상가 – 옮긴이)에서 5,980엔에 샀다"는 말을 들었을 때 "너무 싸다!"며 주저 없이 구매를 부탁했다.

다음 날 물건을 받은 나는 무거운 병을 보물 다루듯 조심조심 집으로 들고 갔다. 만원 전철 안에서 땀을 뻘뻘 흘려가며 고생했지만 싸게 샀다는 생각에 참을 수 있었다.

불행히도 착각은 거기까지였다. 알고 보니 집 근처 수입 양주 전문점에서도 같은 가격으로 구매가 가능했다. 20여 년 전에 비해 양주 가격이 많이 내려가서 내가 갖고 있던 예전 감각과 실제 가격이 엄청나게 벌어진 것이다.

지금까지의 내용을 정리하면 다음과 같다.

1. 우리는 숫자를 주관적인 '자신만의 기준'으로 본다.
2. 숫자에 대한 감각은 지금까지의 경험과 지식의 범위 안에 있다.
3. 경험과 지식을 넓혀 숫자력을 훈련한다.
4. 평소 숫자에 주의를 기울이고 자신의 감각과 비교하면서 대상을 평가한다(단, 기존 선입견에 주의한다).

눈높이의 함정

다음과 같은 2개의 구인광고가 있다. 직감적으로 어느 회사의 급여조건이 더 낫다고 느끼는지 말해보자.

A사 : 급여 월 25만 엔, 연간 보너스 5개월 지급
B사 : 급여 월 35만 엔

월급만 봤을 때는 B사가 10만 엔이 많아 보이는데, 사람들은 보통 월급만 중시할 뿐 상여금은 그다지 따지지 않는다. 시간제 아르바이트를 찾을 때도 시급만 보고 그밖의 대우에는 관심을 두지 않는다.

그래서 기업은 구인광고를 낼 때 사람들이 주목하는 월

급인 시급을 강조해 표현한다. 보너스에 대한 의존 성향이 강한 기업의 경우 '월급 + 보너스'라는 표현보다는 '연봉 ○만 엔'이라고 광고하는 편이 훨씬 더 효과적이라고 얘기한다.

마찬가지로, 최근 도쿄 시내에 부쩍 많아진 '사누키 우동' 체인점은 우동 단품의 가격만 놓고 보면 200엔으로 매우 저렴하다. 그러나 튀김이나 유부 따위의 토핑을 추가하는 것만으로 500엔을 훌쩍 넘긴다. 좌석 없이 서서 먹는 우동집이라는 점을 감안한다면 결코 싸지 않은 가격이다.

맥도널드의 경우에도 세트 요금으로 햄버거에 감자튀김과 음료수를 구성해 500엔 정도를 받고 있다. 따로 주문하는 것보다 싸게 책정되어 있어서 언뜻 보기에 이익인 것 같아 세트로 선택하는 경우가 많다. 평소 칼로리에 신경을 써 감자튀김을 일부러 사먹는 일은 거의 없지만 어쩌다 세트에 딸려 나오면 버리기 아까워서 얼떨결에 먹게 된다(물론 먹는 것은 나의 책임이겠지만).

흔히 마트에서 '다섯 켤레에 1,000엔'이라고 붙어 있는 양말이나 '10개 사면 1개 보너스' 등의 문구에 현혹되어 정작 필요로 하는 이상의 물건을 구매하는 사람도 많다. 독자들도 이와 비슷한 경험을 해본 적이 있을 것이다.

그러나 이 모든 것은 가격표시에 능숙한 기업들이 소비자에게 '어떻게 비쳐질지' 미리 예측하고, 그것을 이용하는 것이다.

가격뿐만이 아니다. 기업의 실적보고 전략회의에서도 부문별, 혹은 상품별 매출 달성도가 ○퍼센트라고 발표하는 경우가 많다. 이때 주의해서 체크할 점은 숫자 자체가 커졌는가 하는 점과 중요한 사업부문의 달성도가 상승했는가 하는 점이다.

중요한 사업부문이나 주력 상품의 매출 달성도가 어느 정도 성과를 냈다면 상관없다. 하지만 전체적인 수익은 높은데 중점 사업이나 주력 상품의 매출이 낮다면 그것은 해당 기업에게 있어 치명적인 단점이 될 수 있다. 반대로, 기업 내에서 핵심 사업으로 추진하고 있는 부문의 매출 달성도가 지지부진하다면 조직 내에서나 대외적으로 그다지 중요하지 않은 부문의 매출을 필요 이상 드러내지 않는 것이 중요하다.

당연한 일인데도, 실제로 회의나 신제품 발표회 등 대외활동에 참석해보면 도표나 파워포인트를 이용해 'A상품 ○퍼센트', 'B상품 ○퍼센트', 'C상품 ○퍼센트'와 같은 식으로 주요 상품과 그렇지 않은 상품을 '동등하게' 나열하는 기업이 적지 않다.

시각적인 효과가 뛰어난 도표나 파워포인트 형식의 자료는 기업 내의 모든 상품이나 사업부문을 횡렬식으로 늘어놓는 방식이다. 그러다 보니 보는 사람으로 하여금 기업에서 중요시 하는 부문이 무엇인지 놓치게 만든다는 단점이 있다. 말하자면 중요도에 따른 구분 없이 모든 사업을 비슷한 강도로 '보이게' 만드는 것이다.

숫자는 중요도를 가미하여 보여주지 않으면 해석이 판이하게 달라질 수 있다.

그러므로 착오를 최대한 피하기 위해서는 '퍼센트'뿐만 아니라 '액수'를 표시해야 한다. 액수와 함께 매출 달성도를 그래프로 나타내거나 중요도에 따라 문자의 크기나 두께를 바꾸는 등의 성의가 필요하다.

또한 사람들은 자신이 해낸 일들은 좀 더 과장되게 생각하는 경향이 있다. 마찬가지로 아끼는 부하 직원이나 자식의 성적은 호의적인 눈으로 바라본다. 처음부터 눈높이 자체가 다른 것이다.

숫자를 판단할 때는 항상 객관적으로, 선입견 없이 전체를 파악해야 하는데도 현실적으로는 이처럼 수많은 선입견이 작용한다. 따라서 선입견을 줄일 방법에 대해 고민하는 동시에 적어도 "선입견이 있을 수 있다"는 사실 자체를 인식하는 것이 중요하다.

| 넓이 |

단위	평방자	평	단보	정보
1평방자	1	0.02778	0.00009	9.2593e-6
1평	36	1	0.00333	0.00033
1단보	10675	300	1	0.1
1정보	106750	3000	10	1
1m²	10.89	0.3025	0.001008	0.000101
1a	1089	30.25	0.10083	0.010083
1ft²	1.0117	0.028103	0.00009	9.3677e-6
1yd²	9.1054	0.25293	0.00084	0.00008
1ac	44070.2	1224.17	4.0806	0.40806

| 부피 |

단위	홉	되	말	cm³
1홉	1	0.1	0.01	180.39
1되	10	1	0.1	1803.9
1말	100	10	1	18039
1cm³	0.00554	0.00055	0.00005	1
1m³	5543.54	554.354	55.4354	1000000
1 l	5.54354	0.55435	0.05543	1000
1in³	0.09084	0.00908	0.00091	16.387
1ft³	156.975	15.6975	1.56975	28316.8
1yd³	4238.34	423.834	42.3834	764554
1gal (미)	20.9845	2.0984	0.20984	3785.41

m²	a	ft²	yd²	ac
0.09182	0.00091	0.9844	0.10982	0.000023
3.3058	0.03305	35.583	3.9537	0.00081
991.74	9.9174	10674.9	1186.1	0.24506
9917.4	99.174	106749	11861	2.4506
1	0.01	10.764	1.1959	0.00024
100	1	1076.4	119.59	0.02471
0.092903	0.000929	1	0.1111	0.000023
0.83613	0.00836	9	1	0.000207
4046.8	40.468	43560	4840	1

m³	l	in³	ft³	yd³	gal(미)
0.00018	0.18039	11.0081	0.0064	0.00023	0.04765
0.00180	1.8039	110.081	0.0637	0.00236	0.47654
0.01803	18.039	1100.81	0.63704	0.02359	4.7654
1e−6	0.001	0.06102	0.00003	1.308e−6	0.00026
1	1000	61023	35.3147	1.307951	264.872
0.001	1	61.023	0.03531	0.00130	0.26417
0.000016	0.01638	1	0.00057	0.00002	0.00432
0.02831	28.3168	1728	1	0.03703	7.48051
0.76455	764.554	46656	27	1	201.974
0.00378	3.78541	231	0.13368	0.00495	1

| 무게 |

단위	g	kg	t	gr(그레인)
1g	1	0.001	1e−6	15.432
1kg	1000	1	0.001	15432
1t	1000000	1000	1	15432358.4
1gr	0.06479	0.00006	6.4799e−8	1
1oz	28.3495	0.02835	0.000028	437.5
1lb	453.592	0.45359	0.00045	7000
1돈	3.75	0.00375	3.75e−6	57.871
1근	600	0.6	0.0006	9259.415
1관	3750	3.75	0.00375	57871

| 길이 |

단위	cm	m	in	ft
1cm	1	0.01	0.3937	0.0328
1m	100	1	39.37	3.2808
1in	2.54	0.0254	1	0.0833
1ft	30.48	0.3048	12	1
1yd	91.44	0.9144	36	3
1mile	160930	16.0934	63360	5280
1자	30.303	0.303	11.93	0.9942
1간	181.818	1.818	71.582	5.965
1정	10909	109.091	4294.9	357.91
1리	39272.7	392.727	15461.7	1288.5

oz(온스)	lb(파운드)	돈	근	관
0.03527	0.0022	0.26666	0.00166	0.000267
35.273	2.20462	266.666	1.6666	0.26666
35273	2204.62	266666	1666.6	266.666
0.00228	0.00014	0.01728	0.00108	0.000017
1	0.0625	7.56	0.0472	0.00756
16	1	120.96	0.75598	0.12096
0.1322	0.00827	1	0.00625	0.001
21.1644	1.32277	160	1	0.16
132.28	8.2673	1000	6.25	1

yd	mile	자	간	정	리
0.0109	6.2737e-6	0.033	0.0055	0.00009	0.000025
1.0936	0.0006	3.3	0.55	0.00917	0.00254
0.0278	0.00002	0.0838	0.0139	0.0002	0.000065
0.3333	1.00019	1.0058	0.1676	0.0028	0.000078
1	0.0006	3.0175	0.5029	0.0083	0.0023
1760	1	5310.8	885.12	14.752	0.4098
0.3314	0.0002	1	0.1667	0.0028	0.0008
1.9884	0.0011	6	1	0.0167	0.0046
119.303	0.0678	360	60	1	0.2778
429.5	0.2440	1296	216	306	1

상식의 함정

한 병원 단체의 의뢰로 2007년까지 3년에 걸쳐 15개 병원에서 만족도 조사를 실시한 적이 있었다. 입원환자는 물론 외래환자, 의료종사자, 병원의 여러 항목에 대해 '나쁘다'에서부터 '좋다'까지 7점 만점으로 평가를 내리도록 했다.

예를 들어 '의사의 언어 선택'이나 '의사의 설명' 등에 대해 "만족하십니까?"라고 질문하면 만족하는 정도를 1에서 7까지의 숫자에서 골라 표시하는 방식이었다. 여기서 평균 5.8이라든가 하는 숫자를 얻게 되는 것이다.

3년 간의 조사를 통해 알게 된, 모든 병원에서 가장 불만이 높았던 항목은 무엇이었을까? 그것은 예상한 대로 '대기시간'이었다. 그렇다면 결론은 병원의 만족도를 높이기 위해 대기시간을 단축시키면 된다는 것일까?

대부분의 사람들이 "그렇다"고 대답할지 모른다. 실제로 내가 고문을 맡고 있는 병원에서 다른 컨설팅 회사를 통해 실시한 설문조사도 결과가 같았다. 그 회사는 제안서 안에 "대기시간을 줄이는 일이 가장 중요하다"고 명시하고 있었다.

그러나 그런 결과는 굳이 돈을 들여 설문조사를 하지 않더라도 누구나 알 수 있는 사실이다. 게다가 옳은 결론도 아니다. 조사가 끝난 뒤 우리가 낸 결론과도 맞지 않았다.

만족도 조사의 본래 목적은 병원 전체의 만족도를 높이기 위해 무엇을 하면 좋을지를 알기 위한 것이다. 따라서 우리에게 필요한 데이터는 가장 점수가 나쁜 항목이 아니라 전체 만족도에 가장 큰 영향을 미치는 항목이었다. 통계 용어로 말하자면 '상관관계'가 높은 항목을 찾아내는 조사였던 것이다.

분석 결과, 대기시간에 대한 점수는 모든 병원에서 그다지 높지 않았지만 전체적인 만족도와의 상관관계가 드러나지는 않았다.

그렇다면 무엇이 가장 높은 상관관계를 나타냈을까? 그것은 바로 '의사의 언어 선택'과 '의사에 대한 신뢰도', '간호사에 대한 신뢰도'였다.

따라서 병원에서는 대기시간 개선에만 노력을 쏟기보다는 의사나 간호사에 대한 교육에 신경 쓰는 편이 환자의 만족도를 높이는 데 보다 효과적일 것이다.

물론, 대기시간을 줄일 수 있다면 줄이는 게 좋다. 그러려면 당연히 의사와 간호사의 숫자를 늘릴 필요가 있는데, 현실적인 측면에서 볼 때 경영압박에 시달리는 병원에서 실천하기란 쉽지 않다.

게다가 대기시간을 줄이려면 진찰시간도 더욱 단축시켜야 한다. 지금도 '3분 진찰'이라고 비아냥대고 있는 진찰시간을 2분 30초로 끝내자는 말이 나오게 될 것이다. 결과적으로 고객의 만족도는 점점 더 떨어질 게 분명하다.

장기적으로 병원 전체의 서비스에 대한 만족도를 높이는 데 중점을 두는 것이 오히려 좋은 결과를 거두는 지름길인 것이다.

상식을 의심하라

앞서 에피소드를 통해 숫자를 보는 눈높이가 어긋나면 바람

직하지 못한 결론으로 이어진다는 사실을 알 수 있었다.

그렇다면 숫자를 제대로 보지 못하는 원인은 무엇일까? 대표적인 원인으로 '통계지식의 부재'와 '상식' 2가지를 들 수 있다.

"병원이라면 대기실에서 기다리는 시간을 견딜 수 없다."

"만족도가 가장 낮은 항목이 지금 바로 해결해야 할 과제다."

이와 같은 '상식'은 숫자로부터 올바른 정보를 얻는 데 방해가 된다.

통계 분야에서 '인자분석'이나 '중회귀분석'重回歸分析, multiple regression analysis이라는 용어가 있는데, 이것은 어떤 숫자의 움직임이 어떤 원인에 의한 것인지 분석하는 방법을 의미한다. 예를 들어 매출에 가장 많은 영향을 미치는 요소가 가게의 규모인지, 넓이인지, 실내에 놓인 아이템의 숫자인지, 가게 앞을 지나는 유동인구인지 등 그것을 단순히 상식이나 선입견에 의지하지 않고 수치에 의해 정확하게 파악하는 것이다.

그런데 이 방법은 데이터를 갖고 있지 않은 항목에 대해서는 분석 자체가 불가능하다는 단점이 있다. 매출을 좌우하는 예상 밖의 항목, 혹은 앞서 예로 든 병원에 대한 만족도에 영향을 줄 가능성 등은 예측할 수 없다.

다시 말해, 통계방법이 아무리 객관적이고 신뢰할 만해도 처음의 가설(상관관계가 높으리라 예상한 조사항목)이 적절하게 설정되어 있지 않으면 올바른 결론을 얻기가 어렵다.

그렇다면 적절한 가설을 세우기 위해 가장 먼저 해야 할 일은 무엇일까?

'상식'을 의심할 것.

자신이 지금까지 '상식'이라고 인식하던 것을 의심하는 일부터 시작해야 한다.

보통 가설을 세우는 단계에서 '상식'이라는 선입견이 작용하기 쉬운데 이것은 결론에까지 영향을 미치기도 한다. 자신이 가진 상식의 선에서 모든 일을 해석하는 경향이 있기 때문이다.

앞서 병원 사례에서 만약 "전체 만족도 등을 숫자로 나타낼 수 없다"고 한다면 가설 단계에서 상식의 선입견이 영향을 미쳤다고 할 수 있다. 데이터를 얻은 후에도 상식적인 기준에 따라 "대기시간에 대한 불만도가 가장 높으니 그 문제를 최우선으로 개선해야 한다"고 결론을 내렸다면 만족도 조사는 지극히 '상식적인' 사실을 확인하는 데 그친 것이 되어버린다.

올바른 정보를
얻고 싶다면
상식을 의심하라.

통계의 함정

숫자를 다루는 데 있어 통계적인 수법을 사용해 가설을 세우고, 그것을 검증함으로써 객관성을 확보하는 일은 대단히 중요하다. 그런데 이 과정에서 올바른 이해 없이 결과를 다루면 오히려 잘못된 판단으로 이어질 수 있다.

평균의 진정한 의미

대표적인 예가 '평균에 대한 착각'이다. 학생이 자신의 시험 결과를 볼 때나 기업 경영자가 회사의 매출을 보는 경우, 전체적인 숫자만을 보고 만족한다면 그것은 엄청난 착각이다.

예를 들어 세 과목의 평균점수가 100점 만점에 80점이었다고 치자. 어느 정도 만족할 만한 숫자지만 이런 경우 세 과목 모두 80점이거나 각각 70점, 80점, 90점이었을 수 있다. 경우에 따라서는 100점, 100점, 40점일 수도 있다. 기업의 실적도 마찬가지다.

사람들은 평균만을 보고 만족하거나 혹은 전체를 비관하는 경향이 있다. 하지만 개별적인 수치를 보고 '구체화'시키는 것이 중요하다. 구체화시키지 않으면 일련의 현상을 제대로 파악할 수도 결과를 활용해 이후의 대책을 세울 수도 없다.

모든 과목이 80점이라면 각 과목 모두 현재의 공부법 그대로 유지하면 되겠지만 두 과목은 100점인데 한 과목이 40점이라면 40점 받은 과목에 더 주력하거나 아예 그 과목을 포기해버리고 나머지 두 과목의 점수를 유지하기 위해 신경써야 한다.

그러므로 항상 평균이 아닌 개별 숫자를 보는 것이 원칙이 되어야 한다.

예상 수치는 늘 비관적이다

또 한 가지 덧붙이자면 "예상 수치는 늘 비관적이다"라는 점을 기억해 두어야 한다.

경제 통계를 예를 들어보자. '기업 단기 경제관측조사'(일본의 기업 체감경기지수를 말하며 줄여 단칸이라고도 함 – 옮긴이)는 3·6·9·12월 등 3개월에 한 번씩 일본은행을 통해 발표된다. 대기업과 중소기업, 제조업, 비제조업 등을 대상으로 "3개월 전에 비해 실적이 좋아졌는가"를 중심으로 다양한 항목을 조사한다. 일부는 월요일자 〈일본경제신문〉의 '경기지표'에 자료가 올라오기도 한다.

그중에서 "3개월 후 매출을 어떻게 예상하는가", 즉 앞으로의 상황을 묻는 항목이 있는데, 기업들은 대부분이 현재보다 비관적으로 전망하는 경향이 있다. 이것은 통계에서 흔히 있을 수 있는 일이다. 미래에 대한 예상은 어떤 사람이 대답하느냐에 따라 결과가 전혀 달라지기도 한다.

이 통계의 경우 경영자가 직접 답하는 비율이 높은데, 대부분의 경영자들은 기업의 장래를 매우 신중하게 생각하려는 측면이 강하다. 또한 경영 자체가 늘 최악의 상황을 전제로 하여 이루어지기 때문에 비관적으로 흐를 가능성이 높은 것이다.

명칭의 함정

통계 용어 중에는 그 '명칭'과 사뭇 다른 의미를 가진 것이 많다. 그중 대표적인 예가 '급여총액'이다.

급여총액이 국내 근로자 급여를 모두 합한 '총액'이라 생각하는 사람이 많을 것이다. 그러나 사실은 1인당 급여를 가리키는 말로 '급여총액'은 급여의 합계가 아니다.

그렇다면 어째서 '총액'이라는 말을 사용하는 것일까? 그것은 소정급여(기본급)와 수당, 상여금 등을 합산한 것이므로 개인의 기준에서 볼 때는 '총액'에 해당되기 때문이다.

이처럼 명칭만 보아서는 숫자에 대한 편견을 갖기 쉬운 경우가 제법 많다. 일본의 급여총액은 2007년에 전년도대비

마이너스를 기록했지만 고용자수는 증가했다. 만약 급여총액을 일본 내 총 근로자의 급여를 합한 수치로 오해한다면 '감소하고 있는 급여총액 ÷ 증가하는 고용자수'로 계산해 1인당 급여는 매우 적어지는, 잘못된 결론으로 이어질 수밖에 없다.

그러므로 숫자력을 높이기 위해서는 이 책의 도입부에서 지적한 것처럼 용어의 정의를 올바로 아는 것이 무엇보다 중요하다.

명칭만으로 추측하는 것은 금물

헷갈리기 쉬운 명칭은 또 있다. 앞에서도 잠깐 다루었던 것으로(연습문제였기 때문에 풀어본 사람만 알겠지만), 재무제표 항목 중 하나인 '손익계산서'의 '매출원가'는 어디까지나 매출에 대한 원가다. 따라서 '매입'에 쓰인 비용이나 '제조원가'들은 매출원가로 계산되지 않는다는 점에 유의할 필요가 있다(매입하거나 생산한 제품은 일단 모두 '재고'로 처리하고, 그중 소진된 물량만을 매출원가에 포함시킨다. 회계에서 기본 중의 기본으로 충분히 이해하고 넘어갈 필요가 있다).

이것 역시 올바른 정의를 이해하는 것이 얼마나 중요한지 보여주는 대표적인 예다.

평소 자주 쓰이는 용어라도 명칭만을 보고 의미를 추측해서는 안 된다.

고정관념의 함정

또다시 철도와 관련된 이야기를 해볼까 한다. 신칸센과 기존 노선인 신오사카 역 플랫폼은 1번부터 시작되지 않는다. 본래의 노선은 11번부터이고 신칸센은 20번부터 시작된다.

왜 그럴까?

신오사카 역 플랫폼은 1번부터 시작되지 않는다

소문에 의하면 도카이도 신칸센東海道 新幹線(도쿄~신오사카 노선 – 옮긴이)을 만들 당시 현재의 신오사카 역 부지에 새로운 역사를 지으려고 계획했으나 지역주민들로부터 "어째서 편리한 오사카 역과 연결하지 않느냐"는 항의가 빗발쳤다고 한다. 그러나 물리적으로 오사카 역에 신칸센을 정차시킬 수 없었던 정부는 지역주민을 설득하기 위해 "신오사카 역은 오사카 역의 연장선이다"라는 의미로 신오사카 역의 플랫폼 번호를 11번부터 시작하도록 했다.

마찬가지로 도쿄 역 플랫폼의 번호도 흥미롭다.

도카이도 신칸센이 14번부터 19번까지 6개를 사용하고 있는 반면, 도호쿠 조에쓰 나가노東北上越長野(동북 지방과 도쿄를 잇는 노선 – 옮긴이) 신칸센은 20번부터 23번까지 4개 노선만 사용하고 있다.

일반적으로 1번부터 시작하는 기존 노선의 뒤를 이어 14번부터 시작하는 도카이도 신칸센이 19번까지 이어지고 나서 바로 옆 20번부터는 도호쿠 신칸센이 사용하면 되리라고 생각할 것이다.

그런데 실제로 도쿄 역에 가보면 도호쿠 신칸센은 기존 노선과 도카이도 신칸센 사이에 끼어 있다. 즉, 20번부터 23번 플랫폼이 끝난 지점에서 난데없이 14번 플랫폼이 들어선 셈이다. 앞서 신오사카의 예처럼 어쩔 수 없이 도카이도 신칸센과 기존 노선 중간 플랫폼을 사용할 수밖에 없는 속사정이 있었으리라 생각한다.

신문의 1판은 언제 나올까?

평소 신문의 오른편 위쪽에 '○판'이라는 숫자가 적혀 있는 것을 눈여겨본 적이 있는가? 같은 신문이라도 1면은 14판, 주식 면은 11판, 이런 식으로 시면에 따라 새로운 판과 기존의 판이 교차로 편집되어 있다.

메이저 신문사의 경우, 조간 1면은 13판이나 14판으로 이루어진 경우가 많다. 실제로 조간신문은 11판부터 시작된다. 그렇다면 1판과 2판은 언제 나오는 것일까?

사실 1판과 2판은 석간신문이다. 석간신문은 1판부터 시작되고, 조간신문은 11판부터 시작된다. 독자 입장에서는 하루의 시작이 조간신문이라고 생각하지만 신문사에서는 석간신문을 시작으로 보는 것이다.

우리 주변에는 이처럼 "숫자는 무조건 순서대로 진행된다"는 선입견에서 벗어난 경우가 상당 부분 존재한다.

지금까지의 결론을 정리하면 다음과 같다.

1. 숫자는 객관적으로 보이지만 해석에는 주관이 들어간

다(선입견).

2. 선입견의 원인에는 눈높이와 시각차, 상식, 명칭, 편견 등이 포함된다.
3. 겉으로는 통계적으로 처리되는 것처럼 보이는 일도 오류가 생길 수 있다.
4. 스스로 선입견을 가질 수 있다는 점을 인식한다.

4

숫자력이 좋아지는

5가지 습관

1 +
3 2
%
100

중요한 숫자를 기억하라

지금까지 이 책을 읽은 것만으로도 독자 여러분의 '숫자력'은 상당히 활성화되어 있을 것이다. 4장에서는 더욱 확실하면서도 무리 없이 '숫자력'을 높이고 단련하는 5가지 습관에 대해 이야기해보자.

매일 실천할 수 있는 구체적인 훈련법도 소개할 예정이니 '숫자력'을 높이고자 하는 독자라면 꼭 따라 해보았으면 한다.

세세한 부분까지 다루기 시작하면 끝이 없고, 사실 이것 이상의 방법(예를 들어 통계학이나 회계학의 기본을 공부하는 것)도 있다. 하지만 지금까지의 경험으로 미루어보았을 때 다음 5가지 습관이 가장 효과적이면서도 실천하기가 쉽다. 이것만으로도 숫자에 대한 감각은 눈에 띄게 좋아질 것이다.

숫자력을 높이는 5가지 습관은 다음과 같다.

1. 중요한 숫자를 기억한다.
2. 정점 관측을 한다.
3. 부분으로 전체를 추측한다.
4. 숫자의 연관성을 파악한다.
5. 언제나 숫자로 생각한다.

앞서 1장에서는 GDP를 중심으로 다양한 숫자를 추론하거나 가설을 세움으로써 '숫자력'의 세계를 엿보았다. 잠깐 언급했던 것처럼 기본이 되는 숫자를 알지 못하면 추론이 불가능하다는 사실도 경험했다.

따라서 숫자에 대한 감각을 높이는 데 기본이 되는 숫자는 기억하는 것이 중요하다.

그렇다고 일부러 숫자를 찾아 외울 필요는 없다. 일반적인 신문이나 뉴스에 자주 나와서 눈과 귀를 통해 자연스럽게 알게 된 숫자, 혹은 자신이 다니는 기업과 관련된 숫자, 회의나 경영진의 이야기 속에 나왔던 숫자면 충분하다.

1장 첫 부분에 나온 문제(일부는 매우 중요한 숫자도 있었지만)

이외에 다음에 나오는 숫자를 쉽게 대답할 수 있는지 체크해보자.

다음 숫자를 알고 있는가?

· 일본의 GDP(이것은 이미 알고 있겠죠?)
· 일본의 인구(이것도 이미 알고 있겠죠?)
· 미국의 인구
· 미국의 GDP
· 중국의 GDP
· 세계 전체의 GDP
· 세계의 인구
· 일본의 일반회계예산
· 일본의 사회보장예산
· 일본의 현재 재정적자
· 일본의 근로인구(기억하고 있겠죠?)
· 65세 이상 노인인구(일본의 인구를 알고 있다면 퍼센트 정도만 알아도 OK.)
· 우리 회사의 매출(집요하다고 하겠지만……)
· 우리 회사의 영업이익

- 우리 회사가 속한 업계 전체의 매출
- 우리 회사가 속한 업계 전체의 평균 영업이익률
- 우리 회사의 직원수
- 우리 회사의 비정규직 직원수

그냥 읽고 지나치지 말고 하나하나 대답할 수 있도록 노력해보자(기본적인 숫자를 알고 있는지에 대한 질문이므로 일부러 조사할 필요는 없다).

중요한 숫자를 알면 세계를 보는 눈이 달라진다

이번 문제에 나온 숫자는 어땠는가? 처음에 나왔던 문제보다 쉽게 느껴졌는가?

우선 일본의 GDP는 약 515조 엔, 인구는 약 1억 2,800만 명이었다. 이 2개의 숫자는 쉽게 기억해낼 수 있을 것이다. 여러 차례 등장했던 이 2개의 숫자만으로도 다양한 연상을 통해 여러 분야의 숫자를 가늠할 수 있다.

예를 들어 계산하기 쉽게 인구를 1억 명으로 생각하면 국민 1인당 GDP는 500만 엔 정도가 된다. GDP란 부가가치의 합계로, 절반 이상이 인건비다. 여기서 인건비가 법정 복리후생비나 퇴직금 등의 합계라는 사실을 감안한다면, 신생아를 포함한 국민 1인당 수입은 약 200만 엔 이상이다.

이처럼 대략적인 숫자만으로도 충분히 원하는 수치를 구할 수 있다.

여기서 500조 엔이라는 것을 달러로 환산하면 약 4.5조 달러다(환율에 따라 다르겠지만). 그렇다면 미국의 경우는 어떨까? 미국의 GDP는? 인구는?

인터넷에서 'GDP'라는 단어를 검색하면 정확한 수치를 바로 알 수 있다. 정답은 일본의 약 3배. GDP는 13조 달러이고, 인구는 약 3억 명이다. 따라서 1인당 GDP가 일본과 비슷한 수준이라고 생각하겠지만 미국이 조금 더 높아서 4만 5,000달러 정도가 된다.

그렇다면 앞으로 몇 년 뒤에는 일본을 따라잡을 것이라는 중국의 GDP를 알아보자. 중국의 GDP는 3조 달러다(단, 위안화의 환율이 달러에 비해 지나치게 싸다는 점을 고려한다면 실제로는 더 높을 것이다). 최근 일본의 경제성장률은 2퍼센트 전후인 데 반해 중국은 매년 10퍼센트 이상 성장하고 있으니 조만간 일본을 추월할 것이다. 성장세와 인구 등을 미루어보면 충분히 계산할 수 있는 상황이다.

이쯤 되면 세계 전체의 GDP는 얼마인지, 혹은 미국과 일본의 GDP가 세계 전체의 몇 퍼센트를 차지하는지 궁금해 하는 독자가 있을지도 모른다. 대충이라도 좋으니 머릿속으로 한번 계산해보자.

20퍼센트 정도는 되지 않을까? 아니면 30퍼센트? 절반?

정답은 30퍼센트 이상이다. 전 세계 GDP는 약 50조 달러(2007년 추정치)로 추정된다.

사실 얼마 전까지만 해도 미국과 일본의 GDP 합계는 절반 정도를 차지했다. 미국이 30퍼센트, 일본이 15퍼센트 정도 차지하던 것이 수치가 낮아진 이유는 미국의 경제 수준이 갑자기 낮아져서가 아니라 유로화가 강세를 보였기 때문이다. 유로화는 달러나 엔화 가치에 비해 1.5배 정도 올랐다. 앞으로 세계의 GDP에 대한 미국과 일본의 점유율은 중국 위안화의 가치가 상승함에 따라 더욱 감소할 것이다.

이처럼 큰 덩어리의 숫자만 기억하고 있으면, 예를 들어 "일본의 중장기 재정적자가 국가와 지방을 합쳐 약 800조

WOW!

BAR
BAR
BAR
BAR
7
7
7
BAR
BAR

엔"이라는 뉴스를 들었을 때 'GDP의 150퍼센트에서 160퍼센트에 해당하는 금액'이라는 데까지 연상이 가능하다.

한발 더 나아가 일반회계의 예산총액이 83조 엔 정도라는 수치를 알고 있는 경우라면 '재정적자가 국가 예산의 10배'라는 것도 쉽게 계산할 수 있다.

인구도 마찬가지다. 미국의 인구 3억 명, 일본의 인구 1억 명, 중국의 인구 13억(이미 알고 있을 것이다) 명이라고 한다면, 세계의 인구는 어느 정도나 될까?

인터넷에 공개된 인구수는 66억 명으로, 세계 인구 5명 중 1명은 중국인이 되는 셈이다(막상 계산하고 보니 대단한 수치다).

기준이 되는 숫자를 알면 표현이 달라진다

회사와 관련된 숫자도 마찬가지다. 앞서 설명한 바와 같이 대기업처럼 규모가 큰 회사에 다니는 사람들도 대부분 매출을 모르고 있다. 그렇다면 현재 다니고 있는 회사의 매출은 도요타와 비교하면 어떠한가?

미리 말해 두자면, 도요타의 매출은 2007년 3월 연결결산consolidation, 聯結決算(모회사와 자회사를 함께 묶어서 하나의 기업집단으로 보고 하나의 재무제표를 만드는 것 – 옮긴이)으로는 약 24조 엔, 영업이익은 2조 엔을 기록하고 있다. 직원수는 6만 8,000명. 직원 1인당 매출을 계산하면 2억 엔, 이익은 1,500만 엔 정도다.

그렇다면 독자 어러분이 다니고 있는 회사의 직원 1인당 매출은 얼마나 되는가?(매출을 직원수로 나누면 간단하게 알 수 있다.) 그밖에 영업이익이나 영업이익률, 직원수는? 그리고 이들 수치는 회사가 속해 있는 업계 평균과 비교하면 어느 정도 수준인가?(사족이지만 업계의 통계는 관련 자료를 찾아보면 쉽게 알 수 있다. 동종업계 종사자를 대상으로 한 매체는 전국에 1,000개 이상 제작되고 있으며, 각 매체는 홈페이지를 통해 주요 수치를 공개하기도 한다.)

GDP가 국내에서 생산된 부가가치의 총계라는 것은 여러 번 강조했다. 그러면 여러분이 다니는 회사의 부가가치는 얼마일까?

부가가치를 어떻게 산출하는 것인지 기억을 더듬어보자.

'매출액 – 매입액'의 공식에 따라 얻어진 수치를 직원수로 나누면 1인당 부가가치가 계산되고, 이것을 노동시간으로 나누면 직원 한 사람의 시간당 노동생산성을 산출할 수 있다. 이 책을 읽고 있는 독자들도 자신의 시간당 노동생산성과 부가가치를 계산해보자. 현재 받고 있는 임금만큼 제대로 된 역할을 하고 있는가?

1장에서도 잠깐 언급한 바와 같이 임금에서 거꾸로 계산하면 일반적인 규모의 중견기업은 1인당 연간 부가가치가 1,000만 엔, 대기업의 경우는 1,500~2,000만 엔 정도다. 이 금액에서 인건비를 지불하게 되므로 중소기업이라도 최소 600~700만 엔이 되지 않으면 회사가 유지되기 어렵다. 위의 수치는 각 기업의 수익성이라는 관점에 볼 때 하나의 기준이 된다.

직업적인 특성상 많은 기업을 상대해야 하는 나는 1인당 부가가치를 특히 주의해서 관찰한다. 단순히 일하는 사람의 임금과 수익성 문제도 있지만 기업의 안전성이라는 측면과 밀접한 관계가 있기 때문이다.

경험으로 미루어보았을 때 차입총액이 연간 부가가치를 넘으면 자본의 순환이 어려워지는 경우가 많다. 이것 역시 기준을 알고 있으므로 판단이 가능한 것이다(조금 까다로운 설명이 필요하기 때문에 이 책에서는 생략한다. 만일 흥미를 가진 독자라면《1초! 만에 재무제표를 읽는 방법》을 참고하기 바란다).

부가가치 이외에 소매업의 경우, 동종업계의 평당 매출을 알아 두면 편리하다. 한 달에 평당 10만 엔을 판매하는 것이 업계의 상식인지, 아니면 20만 엔은 팔아야 기본인지를 알면 그 수치를 기준으로 매출을 비교할 수 있다. 즉, 기준이 만들어지는 것이다.

기준과 비교함으로써 현 상태를 유지해도 괜찮은지, 업계 전체를 놓고 보았을 때 어느 정도 위치에 있는지 인식이 가능하다.

이처럼 기준이 되는 숫자를 알면 자신의 회사와 다른 회사의 영업상태가 자연스럽게 드러난다.

다시 말해 중요한 숫자를 안다는 것은 자신만의 기준을 갖게 되는 것을 의미한다.

그 기준에 의해 자신의 회사나 일본, 더 나아가 세계의 현재 상황을 보다 명확하게 파악할 수 있다.

지금까지의 내용을 정리해보자.

1. 중요한 숫자를 기억해 두면 기준을 세울 수 있다.

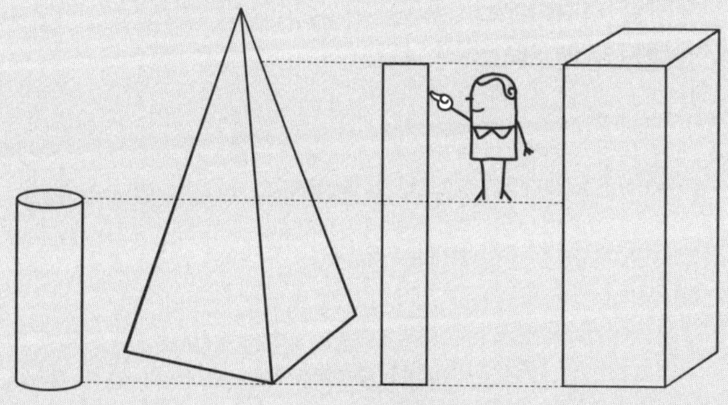

기준을 가지면 세계를 보는 눈이 열린다.

2. 기준이 되는 숫자 한두 가지만 알아도 전 세계가 쉽게 눈에 들어온다.
3. 현재 자신의 상황이 좋은지 혹은 나쁜지 올바른 판단을 내릴 수 있다.

숫자를 기억하려면 정해진 날에 체크하라

그렇다면 이 책에 나오는 작은 숫자들을 기억할 방법은 없을까? 여기에는 간단한 비법이 있다.

앞서 65세 이상 고령자의 숫자를 묻는 질문에 쉽게 대답할 수 있었는가?

현재 총인구 대비 21퍼센트가 65세 이상의 고령자다. 이와 같은 비율을 실감하는 날이 바로 경로의 날(9월 세 번째 월요일)이다. 경로의 날에는 신문이나 TV에서 전 고령자수가 발표된다. 그래서 나는 경로의 날이 되면 고령자 인구를 체크하고 있다.

마찬가지로 1월 1일이나 어린이날에는 지난해 태어난 신생아의 숫자나 현재 15세 이하 어린이의 숫자를 기억해 둔다.

또 하나는 성인의 날(1월 12일). 성인의 날에는 그해에 성인이 되는 사람의 숫자를 알 수 있으므로 빼먹지 않는다. 성인이 된 인구는 140만 명 전후인 데 반해, 작년에 태어난 신생아는 110만 명 이하라는 사실만 보아도 인구가 격감하고 있음을 실감할 수 있다(참고로 '베이비붐 세대'라 불리는 1970년 전후의 연간 신생아수는 200만 명이었다).

이처럼 평상시 숫자를 체크하면서 활용할 수 있는 데이터를 늘려 가면 중요한 숫자에 강해질 수 있다. 숫자를 확실하게 기억하지는 못하더라도 매년 관심을 갖고 지켜보면 대부분의 숫자가 자연스럽게 익힌다.

사회 전반적인 변화를 본다거나 일반적인 사고를 필요로 할 때는 큰 숫자만 알면 별다른 문제가 생기지 않는다. 필요하면 언제든지 작은 숫자까지 세밀하게 조사해보면 된다. 큰 틀에서 생각하면 세계의 움직임을 파악하기 쉬울 뿐더러 전체와 부분의 관계도 이해하기 쉽다. 또한 이야기할 때 설득력이 생기고 숫자로부터 다양한 일들을 상상할 수 있다.

예를 들어 성인식을 맞이하는 사람이 140만 명이고 신생아는 110만 명이라면 15세 이하 어린이의 연령별 숫자는 130만 명 정도로 예상할 수 있다. 어린이수는 그의 15배로 2,000만 명으로 예상할 수 있다. 이 숫자는 어린이 관련 사업을 하는 기업에게는 중요한 의미를 가질 것이다.

자신이 갖고 있는 데이터 안의 몇 가지 기본 숫자를 기억하면, 다양한 발상의 힌트로 이어질 수 있고, 동시에 그 발상을 다른 사람에게 전할 때 보다 설득력을 갖는다.

요점 정리

구체적인 훈련법

① 이 책에 나오는 숫자를 우선적으로 기억한다.

② 가족의 생일, 기념일 등을 외우고(당연하겠지만), 그날 반드시 무엇이든 이벤트를 한다(이것이 중요하다).

정점 관측을 하라

숫자력이 좋아지는 두 번째 습관은 내 개인적으로도 가장 중시하는 '정점 관측'이다.

정점 관측이란 매일, 혹은 매주일 같은 항목의 숫자를 지속적으로 관찰하는 것을 말한다. 이 책의 앞부분에서 예로 든 '미카와안조三河安城 역~도요하시豊橋 역 사이에 세워진 광고탑의 숫자와 종류'도 같은 맥락으로 이해할 수 있다.

같은 항목을 지속적으로 관찰하는 것은 매우 중요하면서도 흥미로운 과정이다. 자신이 평소 관심을 갖고 있는 숫자라면 무엇이든 상관없다. 잠깐 동안이라도 지속적으로 관찰하기만 하면 된다.

만약 경제와 관련된 숫자를 관찰한다면 어설픈 평론가의

이야기에 귀 기울이지 않고도 시장의 흐름을 자연스럽게 터득하게 될 것이다.

정점 관측으로 트렌드를 읽는다

그렇다고 처음부터 많은 숫자를 관찰할 필요는 없다. 자신이 관심을 가지고 있는 분야에서 포인트가 될 만한 숫자만으로도 충분하다. 몇 개라도 상관없이 지속적으로 관찰하는 것이 중요하다. 그 숫자를 계속 관찰함으로써 기억에 남을 뿐 아니라 무엇보다 재미있다.

예를 들어 주식 투자를 하는 사람이 자기가 보유한 주식의 가격 추이를 매일 체크하거나, 방송국에서 일하는 사람은 해당 프로그램이나 경쟁 채널의 시청률을 확인하는 것과 같은 이치다.

그런데 다음 숫자는 어떻게 생각하는가?

· 명목GDP

· 지난해 대비 급여총액

· 실질 구직자 비율

· 지난해 대비 소비지출

· 지난해 대비 소비자물가지수

매주 월요일자 〈일본경제신문〉의 '경기지표'에 나오는 숫자다.

눈에 익숙한 단어가 없다면 지금이라도 경제신문을 펼쳐 놓고 위의 5가지 항목을 형광펜으로 표시해 두자. 월요일판 신문이어야 한다.

한 번도 경제신문을 읽은 적이 없다면? 진심 어린 충고 한 마디를 한다면 직장인이라면 경제신문 구독은 필수다.

경제신문에서 다루는 숫자는 경제나 회계 관련 숫자가 중심이 될 것이므로 숫자력을 높이려면 반드시 신문을 읽어야 한다.

신문을 구독하기 전에 연습으로, 다음 페이지에 신문을 축소 복사해 놓았다. 여기에서 앞에 나온 숫자를 찾아 표시해보자(글씨가 너무 작아서 불편할 수 있지만 일단은 찾아내는 것부터 시작하자).

우선 숫자를 찾아 표시함으로써 정점 관측에 필요한 기

국내	국내총생산 (계조·연율·조 엔, 괄호 안은 성장률%)		일본은행 단칸 기업 현황판단 '좋다%' – '나쁘다%'		경기 동향지수	
	명목	실질 (00년 연쇄가격)	대기업 제조업	대기업 비제조업	선행	일치
04년도	498.5(1.0)	528.0(2.0)	–	–	–	–
05년도	503.8(1.1)	540.8(2.4)	–	–	–	–
06년도	511.9(1.6)	553.4(2.3)	–	–	–	–
06년 12월	514.1(5.1)	556.5(5.3)	25	22 (12월조사)	25.0	63.6
07년 1월	(10-12)		23	22 (3월조사)	37.5	27.3
2월					25.0	27.3
3월	516.7(2.1)	561.1(3.3)	23	22 (6월조사)	33.3	9.1
4월	(1-3)				16.7	72.7
5월			23	20 (9월조사)	45.8	63.6
6월	※514.3(▲1.8)	※558.5(▲1.8)	19	16 (12월조사)	75.0	81.8
7월	(4-6)				66.7	63.6
8월			15	15 (선행)	33.3	77.3
9월	※515.2(0.7)	※560.6(1.5)			0.0	54.5
10월	(7-9)				※18.2	※70.0
11월					※18.2	※30.0
(출처)	내각부		일본은행		내각부	

	가동율지수 제조공업 (계수)	생산지수 집적회로 전년대비	구리 생산량 (천 톤)	기계 수주 (선박, 전력 외 내수) 전년대비	법인기업 총합계·전체 산업 설비투자 (전년대비)		법인기업 총합계·전체 산업 영업이익
04년도	102.3	4.1	112,897	6.5	26.7		18.7
05년도	104.1	5.7	112,718	5.6	3.8		9.5
06년도	106.3	17.8	117,745	2.0	13.5		3.3
07년 1월	105.9	10.5	10,064	2.6	17.6		8.9
2월	106.3	3.9	9,206	▲4.2		(10-12)	
3월	106.3	11.9	10,256	▲5.8			
4월	104.6	13.1	9,740	▲90	14.2		8.3
5월	105.0	11.6	10,172	▲3.1		(1-3)	
6월	105.8	15.6	9,980	▲17.9			
7월	104.4	19.0	10,017	8.0	▲5.7		8.3
8월	109.7	15.0	9,962	▲2.6		(4-6)	
9월	108.6	16.6	9,929	▲7.0			
10월	110.2	16.9	10,371	3.3	▲0.6		0.1
11월	108.4	10.5	10,120	0.9		(7-9)	
12월	–	–	–	–			
전년대비(%)	2.2		1.1				
(출처)	경제산업성			내각부	재무성		

<일본경제신문> 2008년 1월 28일자 조간 경기지표에서 발췌

광공업지수							
생산지수			출하		제품재고		제품재고율 지수
(계조)	전월대비	전년대비	전월대비	전년대비	전월대비	전년대비	(계조)
100.5	–	**4.0**	–	3.7	–	0.1	96.5
102.1	–	**1.6**	–	2.5	–	3.3	99.7
107.0	–	**4.8**	–	4.9	–	2.0	99.3
109.6	0.8	5.1	▲0.4	4.5	1.3	4.2	100.7
107.1	▲2.3	4.4	▲0.4	4.7	▲1.0	2.5	98.6
107.9	0.7	3.1	0.0	3.1	▲0.6	1.8	99.6
107.6	▲0.3	2.0	▲1.1	1.4	▲0.4	1.7	101.0
107.4	▲0.2	2.2	1.0	2.0	0.4	2.0	101.0
107.1	▲0.3	3.8	0.2	4.5	▲0.4	2.6	97.9
108.5	1.3	1.1	1.1	2.1	▲0.3	2.1	100.5
108.1	▲0.4	3.2	▲1.2	3.1	▲0.1	2.4	99.1
111.9	3.5	4.4	4.9	4.9	0.2	2.1	98.2
110.3	▲1.4	0.8	▲2.0	2.0	1.1	2.6	103.8
112.2	1.7	4.7	2.4	6.8	0.6	2.0	98.2
110.4	▲1.6	2.9	▲1.7	4.0	1.7	2.6	100.9
경제산업성							

광고율	제3차 산업활동지수	건설공사 수주	신설주택 시공	아파트 계약율		공공사업 청부금액
전년대비	(종합 계조)	전년대비	(만 호, 계조, 연도)	수도권	근린권	전년대비
8.1	**104.8**	**8.3**	**119.3**	**78.7**	**76.2**	▲11.1
2.6	**107.2**	**▲1.0**	**124.9**	**83.2**	**760.**	▲5.6
1.0	**109.0**	**3.3**	**128.5**	**77.5**	**72.3**	▲5.2
▲2.8	109.6	33.9	125.3	74.1	60.6	▲0.9
▲3.4	110.7	7.0	119.9	77.5	70.8	▲4.6
0.1	108.6	▲1.6	130.4	80.5	67.1	17.7
1.1	110.3	1.8	129.1	74.3	58.1	1.5
▲3.3	110.2	48.3	115.5	75.7	70.4	▲0.4
▲4.0	110.3	26.4	135.4	69.1	70.8	▲2.9
▲0.7	109.	▲10.4	94.7	74.1	68.3	▲4.0
7.3	111.2	▲14.2	72.9	65.6	56.4	▲5.1
4.1	109.2	▲16.3	72.0	65.9	69.778.1	▲12.1
▲5.8	110.5	▲22.7	85.1	62.5	59.9	▲3.2
2.0	110.6	▲3.8	97.1	64.0	70.4	▲4.3
▲1.8	–	–	–	59.3		▲1.1
	1.7		▲27.0			
전자·통신 보고서	경제산업성	국토교통성		부동산경제연구소		보증사업 회사3사

	현금 급여총액 #	노동시간 #	상용 고용지수 #	유효 구인배율	완전실업률	소비지출	소매업 판매액
	전체 산업 전년대비	전체 산업 전년대비	전체 산업 전년대비	(계조·배)	(계조·%)	2인 이상 세대 전년대비	전년대비
04년도	▲0.3	2.3	0.7	0.89	4.6	▲0.2	0.3
05년도	0.7	1.6	0.5	0.98	4.3	▲1.4	1.2
06년도	0.1	2.6	1.3	1.06	4.1	▲1.2	▲0.1
07년 1월	▲1.2	1.0	1.6	1.06	4.0	1.0	▲0.9
2월	▲1.0	1.9	1.6	1.05	4.0	0.3	▲0.2
3월	▲0.1	2.7	1.5	1.03	4.0	▲0.0	▲0.7
4월	▲0.2	0.7	1.6	1.05	3.8	0.8	▲0.7
5월	▲0.2	1.0	1.7	1.06	3.8	0.1	0.1
6월	▲0.9	0.0	1.8	1.07	3.7	▲0.5	▲0.4
7월	▲1.7	▲0.1	1.7	1.07	3.6	▲0.3	▲2.3
8월	0.6	0.1	1.6	1.06	3.8	0.8	0.5
9월	▲0.6	1.0	1.7	1.05	4.0	2.7	0.5
10월	▲0.1	0.9	1.7	1.02	4.0	0.7	0.8
11월	0.1	▲0.2	2.2	0.99	3.8	▲1.0	1.6
12월	–	–	–	–	–	–	–
전년대비(%)							
(출처)	후생노동성				총무성		경제산업성

	은행통계 대출잔고	국내은행 대출 약정 평균 금리	기업도산 건수	국내 기업물가지수 # (2005 = 100)		
	전년대비	(연 %)	(건)	총평균	전월대비	전년대비
04년도	▲3.6	1.749	13,186	98.8	–	1.6
05년도	▲1.3	1.651	13,170	100.5	–	1.7
06년도	1.5	1.712	13,337	102.6	–	2.1
07년 1월	1.3	1.798	1,102	102.5	0.0	1.2
2월	1.0	1.829	1,247	102.7	0.2	1.4
3월	1.0	1.858	1,121	103.5	0.8	1.8
4월	0.9	1.873	1,310	103.8	0.3	1.7
5월	0.7	1.892	1,185	103.9	0.1	1.8
6월	0.3	1.902	1,215	104.6	0.7	1.9
7월	0.5	1.917	1,203	104.6	0.0	1.5
8월	0.7	1.933	1,047	104.5	▲0.1	1.3
9월	0.7	1.938	1,260	104.8	0.3	2.0
10월	0.6	1.938	1,213	105.0	0.2	2.3
11월	※0.2	–	1,097	※105.4	※0.4	※2.6
12월	–	–	–	–	–	–
전년대비(%)			▲1.1			
(출처)	일본은행		도쿄 상공 리서치	일본은행		

신차 판매대수	전국 백화점 매출	여행 취급상황	M_2+CD증가율	머니터리 베이스	콜금리 익일물*	10년 국채 이자회전율
(만 대)	전년대비	전년대비	(평균잔고 전년대비%)	(평균잔고 전년대비%)	(분기말)	(연, %)
					(전년대비%)	
582.1	**▲3.2**	**9.8**	**1.9**	**4.4**	**0.001**	**1.320**
586.2	**0.7**	**2.0**	**1.8**	**1.6**	**0.001**	**1.770**
561.9	**▲0.9**	**2.9**	**0.9**	**▲18.6**	**0.218**	**1.650**
37.1	0.0	5.4	0.9	▲21.1	0.267	1.695
50.5	1.7	5.2	1.0	▲21.1	0.357	1.630
76.7	▲1.5	2.6	1.1	▲19.1	0.509	1.650
35.8	▲1.3	3.2	1.1	▲12.2	0.511	1.615
37.9	▲0.4	▲1.8	1.5	▲5.7	0.521	1.745
46.2	5.5	1.3	1.9	▲4.1	0.510	1.865
43.9	▲4.3	▲0.4	2.0	▲2.3	0.499	1.790
34.7	1.4	4.5	1.8	0.7	0.485	1.600
50.0	▲2.5	5.1	1.7	0.7	0.510	1.675
40.6	▲1.4	0.2	1.9	0.5	0.506	1.600
45.1	0.9	2.8	2.0	1.0	0.500	1.460
36.8	▲2.3	–	2.1	0.4	0.497	1.500
9.8						
자동차판매연합·전국자동차협회	일본백화점 협회	국토교통성	일본은행			일본상호증권

소비자물가지수 # (2005=100)		(생산을 제외한 총합계)		수입 물가지수 #	기업 서비스 가격지수	무역·통관		외환보유고
전국	전월대비	전년대비	도쿄도 전월대비	전년대비	전년대비	수출	수입	(분기말, 억 달러)
						(억 엔)		
100.0	–	**▲0.2**	–	**7.2**	**▲0.4**	**617,194**	**503,858**	**8,377**
100.0	–	**0.1**	–	**15.7**	**▲0.5**	**682,902**	**605,113**	**8,520**
100.1	–	**0.1**	–	**10.5**	**0.5**	**774,624**	**684,158**	**9,090**
99.4	▲0.3	▲0.1	▲0.2	4.3	0.4	64,117	54,431	9,050
99.6	0.2	▲0.3	0.3	4.4	0.6	75,127	58,845	9,090
99.9	0.3	▲0.1	0.3	7.0	1.0	66,329	57,117	9,156
100.1	0.2	▲0.3	0.2	11.5	1.5	65,650	31,817	9,111
100.1	0.0	▲0.1	▲0.2	10.6	1.5	72,840	60,639	9,136
100.0	▲0.1	▲0.1	▲0.2	8.6	1.4	70,634	64,022	9,237
100.2	0.2	▲0.1	0.3	4.2	1.1	70,283	62,946	9,322
100.3	0.1	▲0.1	0.0	2.2	1.3	72,703	56,363	9,456
100.5	0.2	0.1	0.2	7.1	1.4	75,066	65,044	9,545
100.6	0.1	0.4	0.0	8.7	※1.4	72,689	※64,772	9,702
100.9	0.3	0.8	0.1	※12.6	–	※74,373	※65,594	9,734
–	–	–	※▲0.4	–	–	–	-	–
						6.9	12.1	
총무성				일본은행		재무성		

* 익일물 : 매매계약의 다음 영업일에 인도되는 환을 말한다.

본적인 준비, 즉 '관심'을 갖기 시작했다. 지금까지 위의 용어를 접해본 적이 없던 사람도 이 과정을 통해 손톱만큼의 '관심'이 생겼으리라 생각한다.

앞으로는 매주 월요일마다 표시한 숫자를 골라 체크해보자. 처음에는 문자 그대로 형광펜으로 칠한 숫자로밖에 보이지 않던 것이 점차 세상의 움직임을 반영하는 생명체로 보일 것이다.

앞에 나온 용어 중 3개는 부록에 간단하게 의미를 설명해 놓았으므로 만일 지금 단계에서 알고 싶은 사람은 확인하고 넘어가도 좋다.

나는 월요일자 경제신문의 경기지표 이외에 매일 주요 지표도 '정점 관측' 중인데, 주로 주식 관련 지표와 외국환, 단기 금융시장의 지표 등이 포함된다. 경제신문에서 주식시장의 개황 관련 기사를 보면, 왼쪽이 주식 기업의 주요 지표, 오른쪽이 금융시장의 주요 지표다(주식에 관심이 없는 사람도 금융시장의 지표에는 관심을 갖고 있는 경우가 많다).

주식 관련 지표에서는 '닛케이 평균주가'와 '매매대금' 항목을 주로 체크한다. 상장 여부와 함께 매매대금을 보면 시장의 분위기를 감지할 수 있다(증권 애널리스트 업무는 그만두었지만 애널리스트 자격증을 갖고 있어서 주식시황에 늘 신경 쓰는 편이다).

주가가 실린 페이지에서는 비상근 이사로 일하고 있는 기업 중에 자스닥과 마더스Mothers(Market of the high-growth and emerging stocks의 약칭. 도쿄 증권거래소가 개설한 신흥기업 중심의 주식시장 – 옮긴이)에 상장된 기업이 세 곳이나 있어서 주가를 항상 확인해야 한다. 주가가 수상한 움직임을 보이는 경우에는 기업매수의 위험성이 생기기 때문에 해당 기업에 확인 전화나 메일을 보낸다. 굳이 거래처가 아니더라도 정기적으로 개최되는 세미나에 참석하는 기업이나 관심이 가는 기업의 주가도 함께 확인하고 있다.

회사의 숫자를 정점 관측하라

거시경제와 관련된 숫자 이외에도 자신의 업무와 직결되는 숫자, 예를 들어 하루 동안의 매출처럼 '정점 관측'이 가능한 숫자가 있을 것이다.

그중에서 몇 개를 골라 지속적으로 체크함으로써 숫자의 움직임이나 변화를 자연스럽게 파악할 수 있다. 또한 계절의 변동이나 요일에 따른 차이 등 '숫자의 법칙(혹은 습성)'을 발견하는 행운이 따르기도 한다.

하루 매출의 경우라면 해당 숫자와 관련된, 시간대별로 다르게 움직이는 다른 수치도 함께 관찰하면서 다양한 사실을 알 수 있을 테고, 상장기업이라면 해당 기업이나 부문별 매출, 주가, 연관성, 분위기 등을 가늠할 수 있다.

우선 상장기업에 근무하는 사람이라면 일간지에 공표된 기업의 재무제표를 매년 정점 관측해야 한다. 회사의 실적에 대해 관심을 갖는 것은 앞으로 경영을 책임질 가능성 여부를 떠나 당연한 일이다. 회사 역시 직원들에게 현재 어느 부문에 집중하고 있으며 어떤 결과를 낳았는지 적극적으로 알릴 필요가 있다.

정점 관측으로 자기만의 기준이 생긴다

정점 관측에 의해 경제나 자신이 속해 있는 기업의 트렌드를 파악할 수 있게 되었다는 것은, 숫자를 보는 동안 자연스럽게 "이 정도 수치라면 분위기가 나쁘지 않다" "이대로 가다간 어떻게 될 텐데"와 같은 자신만의 '기준'이 생겼음을 의미한다. 자신만의 '가설'을 세우기 시작했으므로 숫자력이

한 단계 업그레이드되었다고 볼 수 있다.

'가설'이 있으면 모든 현상이 보다 뚜렷하게 눈에 들어온다. '기준'이 생기면 숫자를 보다 선명하게 '해석'할 수 있다. 숫자가 단순히 무기물과 같은 존재가 아닌 유기적인 존재로 변하는 셈이다.

예를 들어 나는 주식 관련 지표를 볼 때 매매대금, 즉 '오늘의 거래량'이 3조 엔에 달하면 대단히 시황이 좋다고 판단한다. 반대로 2조 엔에 미치지 못하면 시장 분위기가 침체되어 있다고 본다. 자신만의 기준을 가짐으로써 증시를 해석하고, 기준이 되는 숫자를 활용해 의미를 부여하는 것이다.

프랜차이즈업을 하는 기업이라면 매일 각 지점으로부터 전송받은 POS 데이터를 보면서 각 지점의 매출동향 파악과 함께 앞으로의 계획을 수립할 수 있다. 전체적으로 어떤 시즌에 매출이 좋고 나쁜지 판단하여 상품 매입을 조정하는 것이다(그러기 위해서는 '평당 매출'이나 '주간 매출' 등으로 숫자를 가공해 사용할 필요가 있다).

소매업 역시 '정점 관측'을 통해 회사 고유의, 또는 매입 책임자 고유의 '기준'이 생겨날 수 있다(주의할 점은 팔려 나간 물건을 데이터만으로 관리해서는 곤란하다. 데이터상의 변화와 함께 직접 매장을 방문해 진열상황을 수시로 체크하는 것이 매우 중요하다).

지금까지의 내용을 정리하면 다음과 같다.

1. 숫자를 정점 관측함으로써 자신의 회사나 시장, 세상의 움직임이나 흐름을 자연스럽게 파악할 수 있다.
2. 다른 숫자와 다양한 현상을 연관 시어 생각하면서 정점 관측을 하면 자신만의 '기준'이 생긴다. 기준이 생기면 숫자에 의미를 부여하는 일이 가능해진다.
3. 숫자나 데이터뿐만 아니라 현장에서의 정점 관측도 중요하다.

요점 정리

구체적인 훈련법

① 매일 정해진 시간에 체중계에 올라가 몸무게를 재고 그것을 일기나 달력에 기록한다.

② 1년 전 몸무게와 비교하여 문제점을 생각한다(3년 단위로 기록할 수 있으면 더 좋다).

③ 월요일자 경제신문에 실린 몇 가지 경기지표 숫자를 매주 체크한다(처음에는 형광펜으로 표시한다).

④ 3에 관련된 기사가 있으면 반드시 읽어본다(사소한 기업의 동향이나 단순한 사실, 수치 등을 소개한 기사도 빠뜨리지 않는다).

⑤ 이 숫자에서 '기준'과 '가설'을 생각한다.

부분으로 전체를 추측하라

다른 숫자와의 연관성을 파악하거나 정점 관측을 통해 자신만의 기준을 가질 수 있다. 여기서 한 단계 더 나아가면 어느 부분의 숫자를 통해 전체를 추측하거나 서로 다른 현상을 추측 혹은 예측할 수 있다.

일부 기업의 실적으로 업계 전체를 추측할 수 있다

또다시 경제신문 이야기로 돌아가서, 주식시황을 다룬 기사 앞에는 늘 업계의 동향이나 최근 실적 등이 실린다. 예를 들어 "도쿄 시바우라芝浦 전기, 경상이익 37퍼센트 증가"처럼 수치가 나오는 경우도 있고, 단순히 "○회사의 매출이 올랐다"와 같이 사실만 적어 개별 기업의 변동 상황을 알리기도 한다.

나는 매일 이런 기사를 빼놓지 않고 보는데, 사실 거래처가 아닌 이상 어떤 일이 있는지 일일이 알 필요는 없다. 그러나 개별 기업의 상황을 보고 일본 전체 기업의 상태나 경제 상황을 추측하거나 예측하기 위해서다.

예를 들어 전 기업이 연일 수익증가를 기록하면 나는 조만간 경기가 하향곡선을 그릴 것이라고 판단한다. 흑자행진의 끝에는 '피크아웃peak out'(주식 등이 최고 시세까지 올라 더 이상 오르지 못하고 곧 하강함 – 옮긴이)이 오게 마련이기 때문이다.

이 책을 집필하고 있던 2008년에는 사정이 나쁜 회사도 있지만 대다수 회사가 그런 대로 이익을 내고 있기 때문에 나는 일단 '피크아웃'은 지났다고 보고 있다.

〈닛케이 신문〉이라고 해서 일본 내 전 기업의 실적을 기사화하지는 않지만 상장기업의 상황은 비교적 상세하게 다루는 편이다. 왜냐하면 이들의 실적이 일본 전체 기업을 대표한다는 시각 때문이다.

업종별 차이 또한 상장기업의 주가나 실적으로 미루어보

면 앞으로의 변화를 짐작할 수 있다(경험으로 비추어볼 때 종합 건설사의 실적이 최고조에 이르면 조만간 경기가 하락한다). 물론 이것도 가설이지만 앞서 설명했던 닛케이 평균주가나 GDP 등 다른 숫자도 동시에 정점 관측하여 연관성을 생각하다 보면 자신만의 가설이 얼마나 잘 들어맞는지 확인할 수 있을 것이다.

정점 관측으로 미래 경기를 예측한다

이와 같은 가설 검증의 필요성에 대해 설명하자면 숫자에 집착하는 성격 탓도 있겠지만 경제의 흐름을 예측하여 고객에게 조언해야 하는 업무상 특성 때문이기도 하다.

예를 들면 모두가 경기흐름이 최고조라고 환호할 때, 나는 나만의 기준에 따라 경기하락에 대해 주의를 환기시키곤 한다(물론 단순한 분위기 이외에도 다양한 수치를 보고 판단하고 있다). 특히 대규모 설비투자가 필요한 업종의 경우 앞으로의 경기를 잘못 예측하면 돌이킬 수 없는 결과를 불러올 수 있기 때문이다.

물론 경기흐름에도 일정한 룰이 있고 업종에 따라 패턴이 조금씩 다르다. 앞서 잠깐 예로 든 건설업의 경우, 보통 활황기에 최고의 실적을 기록하는 경향이 있다. 왜냐하면 경기가 나쁜 시기에 실적이 좋지 않았던 기업이 사정이 좋아지면서 가장 먼저 하는 일은 급료를 원상태로 회복시키거나 조금 인상하는 것이다. 그래도 현금이 남으면 대부분 컴퓨터 기기 등의 비품을 교체하거나 새로 구매한다. 업무와 직결되는 적은 규모의 지출을 늘리기 위해서다.

그런 다음에도 여전히 자금에 여력이 있으면 조금 더 큰 설비투자를 시도한다.

흑자 상태가 어느 정도 유지되면 은행에서 대출받기도 쉬워지기 때문에 빌딩이나 공장 등을 짓기 시작한다. 따라서 건설업의 실적은 다른 업종보다 1~2분기 늦게 반응한다.

바꾸어 말하면 건설업의 실적이 좋아지면 다른 업종의 실적은 반대로 나빠지기 시작하는 경우가 많다. 경기가 나쁠 때 새로운 공장이나 신사옥을 짓는 기업에 대해 의아해 할 필요가 없는 이유가 여기에 있다.

이것 역시 20년 간 정점 관측을 한 나의 시각이자 가설이므로 100퍼센트 들어맞는다는 보장은 없다. 그러나 자신만의 가설을 세웠는지 여부는 세상을 보는 시각에서 현저한

차이를 만들어낸다.

가설을 세우고 일부 숫자로 전체를 추측한다

어느 컨트리클럽의 회원권 가격도 마찬가지다. 시장에서 남아도는 돈의 흐름은 일본에서 가장 가격이 비싼 고가네이小金井 컨트리클럽의 회원권 상장에 가장 잘 반영된다.

버블경제가 최고조에 이르렀을 때 4억 엔까지 치솟았던 회원권 가격은 2003년을 전후로 4,000만 엔까지 떨어졌고 2007년에는 1억 엔 정도에 가격이 형성되었다.

나는 회원권 가격을 통해 정부나 기관투자가의 개입이 없는 순수한 자금의 영향력을 관찰함으로써 경제상황을 파악하고 있는 것이다.

출판사 관계자의 말에 따르면 출판사에서는 기노쿠니야 전 지점의 매출을 매일 POS 데이터로 삼아 일본에서 어떤 책이 얼마나 팔리고 있는지를 추측한다고 한다. 출판사나 책의 분야에 따라 다르겠지만 일반적으로 기노쿠니야의 매출을 15~20배 정도 확대하면 전국 출판시장에서의 매출을 대략적으로 알 수 있다는 것이다.

출판사는 그 데이터를 매일 체크하면서 신간 발매 후 "5만 부는 나가겠구나" 혹은 "애석하지만 초판만 찍어야겠다"는 식으로 매출을 예상한다.

이것 역시 가설을 세우고 부분적인 숫자에서 전체를 추측한 예다. 정점 관측에 의해 기준으로 삼을 만한 숫자를 가지면 추측 능력도 상승한다.

수치를 모조리 알지 못해도 어떤 부분의 수치만 체크하면 흐름을 읽을 수 있다든가, 업계 전체 혹은 기업의 상황을 단번에 파악할 수 있게 되는 것이다.

숫자를 가공한다

부분을 보고 전체를 추측하기 위한 실질적인 기술로, '숫자를 가공하는' 방법이 있다.

숫자를 가공한다고 해서 분식결산서 따위를 만든다는 얘기가 아니다. 앞서 어떤 숫자를 보고 자신이 다니는 회사의 상황을 알 수 있다든가, 혹은 경제의 흐름을 파악할 수 있는 기준을 가지면 부분으로 전체를 추측하고 예측할 수 있다고 강조한 바 있다.

마찬가지로 숫자 가공 역시 관련된 숫자를 찾아서 지표화하는 것을 의미한다.

재무 관련 용어 중에 '자산회전율'(매출 ÷ 자산 : 자산의 유효 활용도를 나타낸다)이라든가, '자기자본이익률'(순이익 ÷ 주주의 자본 : 주주자본에 대한 수익성을 나타낸다) 등은 모두 일정 부문의 숫자를 보고 효율성 등을 쉽게 추측하기 위해 고안된 지표이다.

이때 만약 기존의 지표로 회사 경영과 관련된 문제를 빠르게 판단할 수 없다면 직접 방법을 고안해내도 된다. 재무 관련 분야에 한정짓지 않고 백분율에서 편차식, 상관계수 등 통계 관련 숫자나 그것을 구하는 공식을 적절하게 혼합하여 사용하면 자신만의 공식을 만들어낼 수 있다.

예를 들어 '평당 매출단가'라는 데이터가 있고, 여기에 무언가를 조합하여 새로운 지표를 만들고자 한다면 가게의 점원수와 결합시켜 '각 지점별 평당 1인당 매출'이라는 숫자를 얻을 수 있다.

전문적으로는 '캐시플로 계산서', 혹은 '투자 캐시플로'에 있는 '유형 고정자산의 취득에 의한 지출'과 '감가상각비'를 비교해 연관성이 드러난 부분에 대해 비율을 계산해보는 방법도 있다(이 방법은 설비투자의 정도를 알아보기 위해 내가 곧잘 사용하는 지표다. 회계대학원에서 가르치고 있는 전문 분야가 '관리회계'이므로 경영의 효율성이나 건전성 등의 지표는 나름의 지표를 만들어 활용한다).

자신의 필요에 따라 새로운 지표를 만들어내기 시작하면 '숫자력'은 비약적으로 상승한다. 전체를 완벽하게 표현하고 있는지 확인하려면 가설 단계에서 검증이 필요하다. 검증하는 단계에서는 지금까지 점으로밖에 보이지 않던 숫자가 선이 되기도 하고 면으로도 변하면서 전체 모습이 드러난다. 어쩌면 '시간당 노동생산성'과 같이 한 가지 데이터만으로 전체를 알 수 있는 유용한 지표를 스스로의 힘으로 만들어낼 수 있을지도 모른다.

부분으로 전체를 추측한다.

가설을 세워 숫자를 예측한다

'일부 숫자를 보고 전체를 추측하는' 또 한 가지 방법은 숫자를 '예측'하는 것이다.

'숫자력' 향상에 매우 효과적인 훈련법일 뿐더러 과정 또한 재미나다.

우선 1개월 후 주가와 외환시장을 예상하는 것부터 시작해보자.

우리 회사에서는 일정 기간 동안 지속적으로 연수를 진행하고 있는데, 2주나 3주 전에 다음 시간의 과제를 미리 알려준다.

"한 달 후 닛케이 평균주가나 외환시장의 상황을 예측해보세요."

미리 과제를 예고하는 이유는 과제의 성격상 며칠 안에 판단하기 어렵기 때문이다.

다시 말해 주가나 외환시장이 오르거나 내리기 전에 전제가 되는 경제적인 상황이 있고, 그것을 제대로 읽지 못하면 예측이 불가능하기 때문이다.

예를 들어 투자자가 "엔화가 오르면 일본의 금리가 오른다(혹은 다른 나라의 금리가 내린다)"는 예측을 할 수 있으려면 근거가 되는 자료가 필요하고, 주가가 오르는 데는 "기업의 실적이 좋아질 것"이라는 예측이 반드시 동반되어야 한다.

그러기 위해서는 자신이 시장을 읽을 수 있었던 계기, '자신만의 가설'을 생각해야만 한다.

바로 그 '가설'이 맞든 틀리든 간에 개인 입장에서는 앞으로의 상황을 예측하는 데 많은 도움이 된다. 구체화, 가설, 추론…… 이 책에서 강조한 과정을 조화롭게 활용하면 숫자를 예측하는 일은 어렵지 않게 해낼 수 있을 것이다.

숫자를 예측하는 또 한 가지 방법은 실질적인 체험 또는 자신만의 감각과 실제 숫자의 차이를 파악하는 것이다.

이를 테면 자기 회사 상품이 진열되어 있는 가게를 돌아보고, 한 가게에서 오늘 3개가 팔렸다면 전체 매출은 얼마이고, 이번 달 매출은 어느 정도일지 예측해 실제로 월말에 집계되는 매출 데이터와 비교해보는 것이다. 검증과정을 통해 자신의 예측이 가지는 정확도를 높여 갈 수 있다.

일련의 과정을 반복하는 동안 "무슨 요일에, 어느 지점에서 몇 개가 팔렸더니 전체 매출이 얼마가 되더라"와 같은 숫자의 규칙도 발견할 수 있다. 계절적 변동이나 졸업식, 보너스 기간, 선거, 유가상승 등의 사회적·경제적 사실과 매출 변동과의 연관성도 알게 된다.

앞으로 이와 관련된 상황에서 매출이 어떻게 달라지는지 예측할 수 있는 사람, 흔히 "감이 좋다"는 사람은 사실 '논리적인 사고'가 머릿속에 자연스럽게 자리 잡고 있는 사람인지도 모른다.

요점 정리

구체적인 훈련법

① 기업의 종업원수로 매출을 예상한다.

② 자신의 회사에서 앞으로 발매될 상품의 매출을 예상한다(숫자 이외에 어떤 이유에서 그와 같은 예상이 나왔는지 가설을 세우도록 한다).

③ 자신이 맡고 있는 업무에서 최적이라고 생각하는 경영지표를 만든다.

④ 레스토랑에 들어갔을 때 장사가 잘 되는 곳인지 판단하는 나름의 가설을 세우고, 계산과정을 통해 추측한다.

⑤ 친구와 함께 한 달 후 외환시장이나 평균 주가를 예상한다(반드시 근거를 제시하도록 한다. 단, 맥주나 점심 내기 정도는 괜찮지만 고액의 현금을 거는 일은 피한다).

숫자의 연관성을 파악하라

지금까지 소개한 '숫자력'을 높이는 훈련법은 다음 3가지이다.

1. 중요한 숫자를 체크하고,
2. 정점 관측을 하고,
3. 부분적인 숫자로 전체를 예측한다.

다음은 위의 3가지를 종합한, 이른바 응용기술에 대한 내용이다.

숫자의 연관성을 파악하며 읽는다.

이것은 응용기술이므로 이제껏 배운 것보다 실질적이고 구체적인 내용으로, 어떻게 숫자를 읽을 것인지에 대한 방법이 핵심을 이룬다.

그냥 눈으로 읽고 지나치는 것이 아니라 연관성을 생각하면서 보면 '숫자력'을 내 것으로 만드는 데 크게 도움이 될 것이다. 숫자를 접할 때는 다소 귀찮더라도 10분 정도만 더 투자하자.

신문의 숫자로 세상을 읽는다

다음 페이지에 다시 등장한 것은 월요일자 경제신문에 실린 '경기지표'의 일부분으로서 1부와 3, 4부의 숫자다. 몇 분 동안 이 숫자를 보고 스토리를 만들어보자.

갑작스러운 제안에 당황한 사람을 위해 한 가지 힌트를 제공하자면, 우선 '국내 기업물가지수', '소비자물가지수', '수입물가지수'의 '전년도대비' 항목을 눈여겨보자. '물가'와 상승률을 잘 살펴보면 변화를 감지하기 쉬울 것이다.

	현금 급여총액 #	노동시간 #	상용 고용지수 #	유효 구인배율	완전실업률	소비지출	소매업 판매액
	전체 산업 전년대비	전체 산업 전년대비	전체 산업 전년대비	(계조*·배)	(계조·%)	2인 이상 세대 전년대비	전년대비
04년도	▲0.3	2.3	0.7	0.89	4.6	▲0.2	0.3
05년도	0.7	1.6	0.5	0.98	4.3	▲1.4	1.2
06년도	0.1	2.6	1.3	1.06	4.1	▲1.2	▲0.1
07년 1월	▲1.2	1.0	1.6	1.06	4.0	1.0	▲0.9
2월	▲1.0	1.9	1.6	1.05	4.0	0.3	▲0.2
3월	▲0.1	2.7	1.5	1.03	4.0	▲0.0	▲0.7
4월	▲0.2	0.7	1.6	1.05	3.8	0.8	▲0.7
5월	▲0.2	1.0	1.7	1.06	3.8	0.1	0.1
6월	▲0.9	0.0	1.8	1.07	3.7	▲0.5	▲0.4
7월	▲1.7	▲0.1	1.7	1.07	3.6	▲0.3	▲2.3
8월	0.6	0.1	1.6	1.06	3.8	0.8	0.5
9월	▲0.6	1.0	1.7	1.05	4.0	2.7	0.5
10월	▲0.1	0.9	1.7	1.02	4.0	0.7	0.8
11월	0.1	▲0.2	2.2	0.99	3.8	▲1.0	1.6
12월	–	–	–	–	–	–	–
전년대비(%)							
(출처)	후생노동성				총무성		경제산업성

	은행통계 대출잔고	국내은행 대출 약정 평균 금리	기업도산 건수	국내 기업물가지수 # (2005 = 100)		
	전년대비	(연 %)	(건)	총평균	전월대비	전년대비
04년도	▲3.6	1.749	13,186	98.8	–	1.6
05년도	▲1.3	1.651	13,170	100.5	–	1.7
06년도	1.5	1.712	13,337	102.6	–	2.1
07년 1월	1.3	1.798	1,102	102.5	0.0	1.2
2월	1.0	1.829	1,247	102.7	0.2	1.4
3월	1.0	1.858	1,121	103.5	0.8	1.8
4월	0.9	1.873	1,310	103.8	0.3	1.7
5월	0.7	1.892	1,185	103.9	0.1	1.8
6월	0.3	1.902	1,215	104.6	0.7	1.9
7월	0.5	1.917	1,203	104.6	0.0	1.5
8월	0.7	1.933	1,047	104.5	▲0.1	1.3
9월	0.7	1.938	1,260	104.8	0.3	2.0
10월	0.6	1.938	1,213	105.0	0.2	2.3
11월	※0.2	–	1,097	※105.4	※0.4	※2.6
12월	–	–	–	–	–	–
전년대비(%)			▲1.1			
(출처)	일본은행		도쿄 상공 리서치	일본은행		

신차 판매대수	전국 백화점 매출	여행 취급상황	M_2+CD증가율	머니터리 베이스	콜금리 익일물	10년 국채 이자회전율
(만 대)	전년대비	전년대비	평균잔고 전년대비%	평균잔고 전년대비%	(분기말) (전년대비%)	(연, %)
582.1	**▲3.2**	**9.8**	**1.9**	**4.4**	**0.001**	**1.320**
586.2	**0.7**	**2.0**	**1.8**	**1.6**	**0.001**	**1.770**
561.9	**▲0.9**	**2.9**	**0.9**	**▲18.6**	**0.218**	**1.650**
37.1	0.0	5.4	0.9	▲21.1	0.267	1.695
50.5	1.7	5.2	1.0	▲21.1	0.357	1.630
76.7	▲1.5	2.6	1.1	▲19.1	0.509	1.650
35.8	▲1.3	3.2	1.1	▲12.2	0.511	1.615
37.9	▲0.4	▲1.8	1.5	▲5.7	0.521	1.745
46.2	5.5	1.3	1.9	▲4.1	0.510	1.865
43.9	▲4.3	▲0.4	2.0	▲2.3	0.499	1.790
34.7	1.4	4.5	1.8	0.7	0.485	1.600
50.0	▲2.5	5.1	1.7	0.7	0.510	1.675
40.6	▲1.4	0.2	1.9	0.5	0.506	1.600
45.1	0.9	2.8	2.0	1.0	0.500	1.460
36.8	▲2.3	–	2.1	0.4	0.497	1.500
9.8						
자동차판매연합·전국자동차협회	일본백화점협회	국토교통성	일본은행			일본상호증권

소비자물가지수 # (2005=100)		생산을 제외한 종합계		수입 물가지수 #	기업 서비스 가격지수	무역·통관		외환보유고
전국	전월대비	전년대비	도쿄도 전월대비	전년대비	전년대비	수출 (억 엔)	수입 (억 엔)	(분기 말, 억 달러)
100.0	–	**▲0.2**	–	**7.2**	**▲0.4**	**617,194**	**503,858**	**8,377**
100.0	–	**0.1**	–	**15.7**	**▲0.5**	**682,902**	**605,113**	**8,520**
100.1	–	**0.1**	–	**10.5**	**0.5**	**774,624**	**684,158**	**9,090**
99.4	▲0.3	▲0.1	▲0.2	4.3	0.4	64,117	54,431	9,050
99.6	0.2	▲0.3	0.3	4.4	0.6	75,127	58,845	9,090
99.9	0.3	▲0.1	0.3	7.0	1.0	66,329	57,117	9,156
100.1	0.2	▲0.3	0.2	11.5	1.5	65,650	31,817	9,111
100.1	0.0	▲0.1	▲0.2	10.6	1.5	72,840	60,639	9,136
100.0	▲0.1	▲0.1	▲0.2	8.6	1.4	70,634	64,022	9,237
100.2	0.2	▲0.1	0.3	4.2	1.1	70,283	62,946	9,322
100.3	0.1	▲0.1	0.0	2.2	1.3	72,703	56,363	9,456
100.5	0.2	0.1	0.2	7.1	1.4	75,066	65,044	9,545
100.6	0.1	0.4	0.0	8.7	※1.4	72,689	※64,772	9,702
100.9	0.3	0.8	0.1	※12.6	–	※74,373	※65,594	9,734
–	–	–	※▲0.4	–	–	–	-	–
						6.9	12.1	
총무성				일본은행		재무성		

숫자 단위를 줄이면 계산하기가 편하다(이것 역시 숫자를 읽을 때 중요 포인트 중 하나다). 3개의 숫자만을 연결해 생각했을 때 무언가 떠오르는 것이 있는가?

우선, 수입물가가 상승했다. 이 표에서 2004년부터 2006년까지 3년간 금액을 합해 약 33퍼센트 상승한 것으로 계산했다면 합격이다. 좀 더 욕심을 부린다면 12월 숫자까지 더해서 합계 "약 40퍼센트 이상 상승"이라고 한다면 베스트라고 할 수 있다.

그렇다면 국내 기업물가(도매물가)나 소비자물가도 같은 방법으로 계산해보자.

국내 기업물가지수를 보면 지난 4년간 약 8퍼센트 상승했다. 단, 소비자물가는 최근 들어 오르기 시작해 과거 4년 동안 소수점 아래 정도의 미미한 상승에 그쳤다.

힌트는 여기까지다. 어떤 스토리를 만들 수 있겠는가. 스토리라고는 하지만 거창하게 지어낼 필요는 없다. 예를 들어 이런 식이면 된다.

"원유가격과 철광석 등 에너지와 관련된 원자재 가격이

상승하거나, 혹은 유로화 강세로 인해 수입물가는 2004년부터 시작해 40퍼센트 정도가 상승했다. 그와 함께 기업 간 거래가격인 도매물가도 8퍼센트 상승하고 있다. 그러나 최종적으로 소비재의 가격인 소비자물가의 상승은 두드러지지 않는다."

이 정도면 비교적 상급에 속한다. 하지만 아직 점수로는 60점 정도밖에 되지 않는다. 무엇이 부족한 것일까? 여기서 빠진 것은 '왜?'이다. 어째서 소비자물가는 상승하지 않은 것일까?

질문에 대한 나의 가설은 세계적으로 소비재가 공급과잉이라는 것이다. 가전제품이나 휴대전화의 성능 향상, 가격하락 등이 소비자물가 하락요인으로 작용하고 있다. 이런 내용을 넣으면 점수는 추가된다.

"최종 소비재는 공급과잉과 경쟁과열로 가격이 거의 오르지 않은 점, 가전제품 등의 성능 향상이나 가격하락 등이 소비자물가의 상승을 억제시키고 있다."

여기까지 스토리를 만들어낼 수 있다면 합격으로 80점이다.

어째서 만점이 아닌지 고개를 갸우뚱하는 사람이 있을 것이다. 감점요인은 다른 숫자와의 연관성이 드러나지 않았다는 점이다. 과제에서 제시한 3개 숫자 이외에 다른 숫자도 나와 있으므로 그 연관성을 생각하지 않으면 만점이라고 할 수 없다.

따라서 이번 주제의 본론이기도 한 다른 숫자와의 관련성을 찾아내는 단계가 필요하다. 나라면 앞의 문장에 이어 다음 내용을 덧붙일 것이다(물론 다른 답도 있을 수 있다).

"수입물가 상승과 도매물가 상승에도 불구하고 최종 소비재 가격이 상승하지 않은 기업은 주주들이 요구하는 이익수준에 맞추기 위해 임금을 억제하고 있다.

따라서 고용환경이 좋아졌음에도 현금 급여총액이 지난 4년 간 오르지 않았고 최근 1년간은 오히려 하락한 것으로 나타났다."

조금 더 추가한다면,

"임금상승을 억제함으로써 소비지출과 소매업 판매액, 신차 판매대수, 전국 백화점 매출 등도 제자리에 머무르고 있거나 저조한 실적을 기록하고 있다."

여기에 지금까지 등장하지 않았던 숫자를 등장시킨다.

"이번 경기회복이 더디면서 강력하지 못한 데는 GDP의 약 55퍼센트를 차지하고 있는 가계지출이 힘을 발휘하지 못한 점이 크게 작용했다."

이처럼 숫자는 서로 연결되어 있다. 그 연관성을 스스로 깨닫게 되면 복잡한 도표나 신문 읽기가 전보다 훨씬 흥미로워질 것이다.

지금까지 대략적인 추측방법을 이해했다면, 같은 방법으로 고용 관련 숫자 즉, '유효 구인배율'이나 '완전실업률', 그리고 앞에 나왔던 '현금 급여총액'과의 관계를 이용해 스토리로 만들어보자.

고용 관련 숫자가 개선되었는데도 왜 급여총액이 오르지 않았는지 나름 가설도 세워본다(유효 구인배율이나 현금 급여총액의 정의는 부록에 설명되어 있다).

거시경제 숫자로 세상을 읽는다.

연관성을 알면 숫자가 재미있다

숫자 사이의 연관성을 생각하는 훈련을 좀 더 해보자. 다음 페이지는 닛산 자동차의 2005년도와 2006년도 대차대조표와 손익계산서다. 회계에 자주 쓰이는 숫자를 보기 위한 것이므로 재무제표와 관련된 기초지식이 없어도 상관없다.

이것 역시 표 전체를 살펴볼 필요가 없고 앞에서 했던 것처럼 숫자 앞자리만 익히는 정도면 된다. 아래 문장을 읽기 전에 표에 나온 숫자를 보고 어떤 사실을 알게 되었는지 말해보자.

"매출은 늘었지만 영업이익과 당기순이익은 줄었다."

말한 그대로다. 그리고 다른 점은 눈치 채지 못했는가?

매출 증가를 확인할 때 자산이 작년에 비해 증가했는지 여부를 볼 수 있다면 거의 프로의 경지에 오른 것이다.

닛산 자동차 대차대조표의 자산합계를 보면 8퍼센트 증가한 것으로 나와 있다. 이것은 어떻게 해석해야 할까?

일반적인 기준으로는 매우 좋은 실적에 속한다. 왜냐하면

3. 연결재무제표

1) 연결대차대조표

(단위: 100만 엔)

과목	2006년 말 (2007.3.31 현재)	2005년 말 (2006.3.31 현재)	증감
#			
유동자산	**6,492,886**	**6,022,254**	**470,632**
현금예금	457,925	414,772	43,153
수취어음 · 매각대금	679,119	488,600	190,519
판매금융채권	3,557,223	3,589,127	△31,904
유가증권	28,255	11,589	16,666
재고자산	1,004,671	856,499	148,172
이연세금*자산	324,979	314,859	10,120
그밖의 유동자산	440,714	346,808	93,906
고정자산	**5,909,322**	**5,458,664**	**450,658**
유형고정자산	4,877,188	4,438,808	438,380
무형고정자산	185,313	186,949	△ 1,636
투자유가증권	386,212	403,386	△ 17,174
장기대부금	26,322	18,520	7,802
이연세금자산	157,495	163,550	△ 6,055
투자 그밖에 자산	276,792	247,451	29,341
이연자산	**–**	**508**	**△ 508**
자산 합계	12,402,208	11,481,426	920,782

* 이연세금(繰延稅金) : 투자자가 누적된 수입을 점유할 때까지 투자에 대해 일정 기간 세금을 연기해주는 것을 말한다.

(주)닛산 자동차 2007년 3월 1분기 결산

2) 연결손익계산서

당연결회계연도(2006년 1월 1일 ~ 2007년 3월 31일)

(단위: 100만 엔)

과목	2006년 (2006.4~2007.3)	2005년 (2005.4~2006.3)	전년대비 증감율
	100%	100%	
매출	**10,468,583**	**9,428,292**	**11.0%**
매출원가	8,027,186	7,040,987	
	23.3%	25.3%	
매출총이익	2,441,397	2,387,305	2.3%
판매비 및 일반관리비	1,664,458	1,515,464	
	7.4%	9.2%	
영업이익	**776,939**	**871,841**	△ 10.9%
영업외수익	65,914	74,799	
수취이자 및 배당금	25,546	21,080	
지분법에 의한 투자이익	20,187	37,049	
환차익	5,796	–	
그밖의 영업외수익	14,385	16,670	
영업외비용	81,802	100,768	
지출이자	30,664	25,646	
퇴직급여회계기준 변경 시 차이	10,928	11,145	
환차손	–	34,836	
그밖의 영업외비용	40,210	29,141	
	7.3%	9.0%	
경상이익	**761,051**	**845,872**	△ 10.0%
특별이익	73,687	82,455	
특별손실	137,306	119,286	
	6.7%	8.6%	△ 13.8%
세금 등 조정 전 당기순이익	**697,432**	**809,041**	
법인세, 주민세 등 사업세	202,328	274,463	
법인세 등 조정액	9,834	△ 20,055	
소액주주 이익	24,474	36,583	
	4.4%	5.5%	
당기순이익	**460,796**	**518,050**	△ 1.1%

(주)닛산 자동차 홈페이지에서 발췌

사용하고 있는 자산의 증가율보다 매출의 증가율이 높기(11퍼센트) 때문이다. 자산의 활용도에 따라 효율도 높은 편(매출 ÷ 자산을 '자산회전율'이라 하고, 자산의 유효활용도를 보는 중요한 지표가 된다)이다. 이와 같은 부분을 볼 때 닛산 자동차의 2006년도 성적은 우수하다.

그런데 2006년도 결산에서 닛산은 매출이 증가했는데도 카를로스 곤Carlos Ghosn 사장 이하 임원들은 그만큼의 평가를 받지 못한 채 보너스조차 지급받지 못했다. 이유는 무엇일까?

"이익이 줄었기 때문이다."

물론 이 말도 맞다. 하지만 나는 그것 외에 또 다른 이유가 있다고 생각한다. 전자계산기 없이 숫자만 보고 알기는 어렵지만 세부적인 숫자까지 다루지 않는 한 쉽게 찾아낼 수 있다.

내가 관심을 가진 것은 다음 2가지다.

한 가지는 매출이 11퍼센트 늘어난 점은 좋지만 매출원가율이 2퍼센트 상승(매출총이익은 2퍼센트 하락), 판매비 및 일반관리비도 조금씩 올라 영업이익이 11퍼센트 가까이 감소

했다(이것은 손익계산서에 드러난 수치다).

또 한 가지는 매출액의 상승에 비해 대차대조표상의 수취어음이나 매각대금, 재고자산이 큰 폭으로 증가한 점이다. 계산기 없이 암산하는 게 다소 어렵겠지만 전년대비 수취어음이나 매각대금은 39퍼센트 상승, 재고자산(재고)은 17퍼센트 상승한 상태이다. 11퍼센트인 매출증가폭에 비해 상대적으로 증가폭이 크다.

본격적인 문제는 이제부터다.

위의 사실로 미루어 알 수 있는 것은 무엇인가?

비록 개인적인 유추에 불과하지만 다음과 같은 '가설'을 세울 수 있다.

"매출을 늘리기 위해서 분기말에 판매회사를 통한 대량판매를 실시했기 때문에 매각대금 등이 증가했다."

또한 재고 증가에 대해서는 이런 해석이 가능하다.

"매출이 생각만큼 오르지 않았기 때문에 재고가 증가했다."

이것을 조금 전문적으로 바꾸면 이렇게 해석할 수 있다.

"(생산대수를 늘리면 단가가 낮아지기 때문에) 매출원가를 낮추기 위해 생산량을 늘렸고, 그것이 재고가 되었다."

이와 같이 거시경제에 자주 등장하는 숫자나 기업회계에 쓰이는 숫자도 다양한 각도에서 연관성을 찾을 수 있다.

언제나 숫자로 생각하라

'숫자력을 높이는 습관'과 관련해 다양한 접근법에 대해 얘기했지만 마지막으로 다시 초심으로 돌아가 가장 기본이 되는 습관을 이야기하고자 한다.

그것은 '언제나 숫자로 생각하는 습관'을 갖는 것이다. 이것이야말로 목표달성 능력을 높이는 최고의 수단이다.

사외고문을 맡고 있는 회사의 임원회의에서 있었던 일이다. 어떤 부장이 안건에 대해 설명하면서 "우리 회사보다 규모가 큰 회사와 제휴하게 되었다"고 보고했다.

그의 말이 끝나자 임원들은 모두 고개를 끄덕이며 기뻐했다. 그런데 나와 마찬가지로 사외이사를 맡고 있던 이사 한

분이 그 부장에게 질문을 던졌다.

"부장님, 제휴로 인해 벌어들일 수 있는 이익은 어느 정도입니까?"

"네. 연간 수백만 엔입니다."

그러자 순식간에 회의실은 찬물을 끼얹은 듯 썰렁해졌다.

사외이사의 질문은 당연했다. 많은 이익이 돌아오지 않으면 다른 기업과 제휴할 이유나 목적이 없기 때문이다.

말하자면 숫자란 최종적인 '마무리'에 해당된다. 일을 잘하는 사람은 마지막을 숫자로 보여준다. 비즈니스에 있어서 노력만으로 평가하는 경우는 없다.

숫자를 넣으면 목표까지 얼마나 남았는지 쉽게 알 수 있다. 더불어 결과에서부터 거꾸로 과정을 되짚으면서 무엇을 해야 할지, 시간이 얼마나 걸릴지도 계산할 수 있다. 경우에 따라서는 현재의 방식으로는 달성하기 어렵다는 결론이 나기도 한다.

구체적인 과정이나 내용을 아는 것이 무엇보다 중요하다. 실천할 수 있는 대책이 여기서 나오기 때문이다.

단, 목표는 반드시 '매저러블measurable', 즉 '측정 가능'한 것이어야만 한다.

따라서 숫자력을 익히는 기본 중의 기본은 평소 숫자를 사용해 표현하는 습관을 들이는 것이다.

회의나 상담은 말할 것도 없고 일상적인 대화에서도 "비싸다" 혹은 "싸다", "좋다", "나쁘다", "조금 더", "많이" 등의 단어를 사용하는 대신 "가격은 정확하게 ○엔", "전체 몇 명 중에 몇 명?", "몇 퍼센트? 개수로 따지면 몇 개?"라고 질문하는 것이다.

가능한 애매한 표현을 자제하고 "구체적으로 몇 개일까?" 하고 스스로 질문하는 자세, 언제나 모든 것을 숫자로 마무리 지어 생각하는 사고패턴을 가질 필요가 있다.

나는 구체적인 숫자를 빼먹은 채 막연하게 이야기하는 사람치고 성공한 케이스를 본 적이 없다. 숫자는 상대방에게 신뢰감을 안겨줄 뿐만 아니라 스스로 정한 목표를 달성하는 능력을 높이는 효과도 있다.

단, 주의할 점은 무조건 숫자를 끼워 넣으면 된다는 생각으로 현실과 동떨어진 데이터를 제시해서는 신뢰를 얻을 수 없다는 것이다. 예를 들어 지난 10년 간 10억 엔 정도의 매출을 올렸던 사업부문이 있다고 했을 때 새로운 전략도 없이 "내년에는 30억 엔을 목표로 하겠다"는 말만 믿고 예산을 책정할 수는 없기 때문이다.

숫자, 그것도 자신의 실적에 맞는 숫자, 근거를 가진 숫자를 사용해 이야기하고 사고할 수 있는지 여부가 중요하다.

요점 정리

구체적인 훈련법

① "비싸다" 혹은 "싸다", "좋다", "나쁘다", "조금 더", "대단하다" 등의 표현이 나오면 "그건 구체적으로 얼마라는 뜻이야?" 혹은 "몇 퍼센트? 개수로 따지면 몇 개야?"라고 질문한다.
② 고층빌딩을 보면 층수가 얼마나 되는지 계산해본다.
③ 월말에는 자신의 예금잔고를 확인한다(있을 만한 숫자, 목표로 하는 숫자가 있다면 어떻게 도달할지 시간과 과정을 생각한다).
④ 목표는 반드시 숫자로 말한다.

요점 정리

숫자력을 높이는 방법 총정리

① 중요한 숫자를 기억한다.
② 정점 관측을 한다.
③ 부분으로 전체를 추측한다.
④ 숫자의 연관성을 파악한다.
⑤ 언제나 숫자로 생각한다.

FUND

FINANCE

Telecom

Market

euro

75%

Bce

rating

12062,26
0.17 variaz. %
17,45 var. % ann.

ed

Manager

rally

Boom

BANKING

Ue

Bruxelles

welfare

80%

5 부록

1 + 2 3 %
100

거시경제 관련 용어 10

(1) **국내총생산**GDP : 국내에서 생산된 부가가치의 합계. '명목GDP'는 당해연도의 총생산물을 당해연도의 가격(경상가격)으로 계산한 GDP로 실제 액수를 말한다. 또한 '실질GDP'는 인플레이션이나 디플레이션을 조정한 이후의 액수를 말한다.

(2) **일본은행 단관업황판단**(일명 단칸) : 일본은행이 분기별 한 번씩 기업을 대상으로 실시하는 '기업 단기 경제관측조사'로, 업계의 현황을 판단한다. 앙케이트 조사를 통해 수집된 자료를 일본은행이 집계, 분석하여 발표한다. 각 기업의 업적이나 상황, 설비투자, 고용 등의 실적과 전망을 조사한다.

경기동향 파악에 중요한 지표로서, "좋다"고 답한 비율에서 "나쁘다"고 답한 비율을 뺀 결과를 발표한다.

(3) **경기동향지수** : 경기동향지수에는 경기보다 먼저 움직이는 '선행지표'와 경기와 함께 움직이는 '일치지표', 경기보다 뒤늦은 변화를 나타내는 '지행지표'의 3가지 지표가 있다. 각각의 지표가 도쿄증권 주가지수·실질기계수주(선행지표), 대기업의 전력사용량·유효 구인배율(일치지표)와 가계소비지출·완전실업률(지행지표) 등을 10 정도의 지표로 산출한다.

구체적으로 채용된 지표를 3개월 전의 수치와 비교하여 개선(플러스), 변화 없음(보합), 악화(마이너스)로 분류하고 개선된 항목의 비율을 산출한다. 지수 50퍼센트가 경기의 방향을 제시하는 기준이 되고 있으며, 일치지수가 3개월 연속 50퍼센트 이하인 경우에는 경기후퇴의 가능성을 의심할 수 있으나 종합적인 판단이 필요하다.

(4) **급여총액** : 기본급여와 특별하게 지급된 급여(보너스, 잔액수당 등)인 기본외급여를 더한 것을 말한다. 여기에 퇴직금은 포함되지 않는다.

(5) **유효 구인배율** : 구인수를 구직자수로 나눈 것. 고용환경이 좋을수록 비율이 높다.

(6) **M2 + CD** : 통화량의 대표지수. 통화량이란 경제 전체에 공급되어 있는 통화의 총량을 말한다. 일반법인과 개인, 지방공공단체 등의 통화보유주체가 갖고 있는 현금통화와 예금통화 등의 '유통 중인 화폐'를 집계한다(은행이나 보험사 등 금융기관이나 중앙정부는 통화보유주체에 포함되지 않는다).

M2 + CD는 현금통화(지폐와 화폐)와 예금통화에다 국내 은행·신용금고 등의 준통화(대부분은 정기예금이다) 및 CD(양도성예금증서)를 더한 것이다.

통화량과 관련된 지표 중에서는 M2 + CD가 실물경제나 물가 사이의 관계가 상대적으로 안정적이다. 경제활동이 활발할 때는 증가율도 높다. 최근 몇 년 동안 1~2퍼센트 정도 성장했다.

(7) **머니터리 베이스** : 현금통화와 일본은행 당좌예금 잔고의 합계. 일본은행은 통화량을 직접 컨트롤할 수 없지만 머니터리 베이스를 조정함으로써 통화량을 조정한다. 민간 금융기관을 통한 신용창조로 몇 배의 통화량을 만들어내는데,

이때의 머니터리 베이스를 '하이파워드 머니high powered money, 고권화폐'라고 부른다. 통화량 창조와의 연관성 유무는 민간 금융기관이 신용창조 기능을 잘 수행하느냐에 달려 있다.

(8) **국내 기업물가지수** : 기업 간에 거래된 상품가격에 초점을 맞춘 물가지수. 수요동향을 민감하게 반영하는 기업 간 거래의 가격변동을 나타낸다. 국내 시장에서 국내 생산품의 기업 간 거래가격을 대상으로 일본은행이 매월 발표하는 통계로, 기존의 '도매물가지수'를 대신하고 있다. 도매보다 생산자 단계에서의 가격조사 등이 늘어나고 있어 2002년에 산출기준을 개정, 명칭을 바꾸었다. 상품의 수급동향을 민감하게 반영하는 거래가격 동향을 조사하므로 경기판단에 활용할 수 있다.

최근에는 수입물가가 에너지나 소비재가격의 상승, 유로화 절상 등에 크게 영향을 받는다.

(9) **외환보유고** : 나라에서 수입대금 결제나 차관변제 등의 대외지불을 충당하기 위해 가진 공적인 준비자산. 기업이나 개인 등 민간이 보유하고 있는 부분은 포함되지 않는다.

외환보유고는 통화 당국이 외환개입에 사용하는 자금이

기도 하고 통화위기 등으로 다른 나라에 대한 외화 채무변제 등이 곤란해지는 경우에 사용하는 준비자산이기도 하다.

⑽ **국제수지** : 일정 기간 발생한 외화와의 거래수지 합계. 국제수지는 크게 '경상수지'와 '자본수지'로 나뉜다.

경상수지는 다시 '무역·서비스 수지'와 '경상 이전수지'로 나뉜다. 자본수지는 '투자수지'와 '기타 자본수지'로 분류된다.

미시경제 관련 용어 10

(1) **자산, 부채, 순자산** : 대차대조표는 어느 시점에서 기업의 '자산', '부채', '순자산(자본)'의 상황을 나타낸다. 자산은 기업이 보유한 재산이고, 자산을 조달하기 위한 수단이 '부채'와 '순자산'이다.

부채는 장래의 어느 시점에 자금의 변제, 혹은 재화나 서비스를 제공할 의무가 있지만 순자산은 주주로부터 위임받은 금액이기 때문에 기업이 해산하지 않는 한 변제의무가 없는 안정된 자금조달원이다.

(2) **매출원가, 매입원가, 제조원가** : '매출원가'는 판매한 물건의 원가를 말한다. 제조원가란 제조한 물건의 가격(원자재비,

제조에 들어간 인건비, 제조에 따른 경비)으로 매입한 물건과 함께 모두 재고가 되고, 그중에서 판매된 상품만을 매출원가에 포함시킨다. 즉, 남아 있는 재고는 자산에 그대로 포함된다.

(3) **재고** : 재고에는 원재료, 중간제품, 제품의 3종류가 있다. 매입한 물건과 생산한 물건은 일단 모두 재고가 되기 때문에 대량으로 매입하거나 제조하고, 판매하고 남은 경우라도 이것이 곧바로 손익계산서상의 손실이 되지는 않는다. 매출이 하락한 경우에는 이익이 발생하더라도 재고가 급증할 수 있으므로 주의가 필요하다.

또한 대량으로 제품을 생산하는 것이 한 개당 제조원가 및 매출원가를 낮춘다는 점도 고려할 필요가 있다.

(4) **감가상각** : 건물이나 기계처럼 장기간에 걸쳐 사용하는 자산에 대해 그 사용기한에 따른 비용을 따지는 방식. 예를 들어 10년 사용할 수 있는 기계를 1억 엔에 구입한 경우, 구입한 시점에서는 자산이 1억 엔 증가하지만 비용은 매년 1,000만 엔씩 감가상각비로 비용 처리하여 기계의 자산가치를 1,000만 엔씩 감가한다.

감가방법으로는 매년 일정액을 감가하는 정액법과 일정

한 비율을 상각하는 정률법이 있다. 정률법이 정액법보다 초기 상각액이 크다. 토지는 사용해도 가치가 줄어들지 않으므로 감가상각의 대상에서 제외된다.

(5) **외상매출금, 외상매입금** : 판매는 이루어졌으나 대금이 회수되지 않은 상태가 '외상매출금'이라는 자산이다. 수표를 받은 경우에는 '수취어음'이 된다. 어느 쪽이든 자금을 회수하지 못했기 때문에 캐시플로는 현금매출에 비해 그만큼 악화되었다고 볼 수 있다.

한편, '외상매입금'이나 '지불어음'은 지불해야 하는 대금을 주지 않은 상태로서 그대로 부채가 된다. 따라서 캐시플로는 좋아진다.

(6) **매출총이익, 영업이익, 경상이익** : 매출총액에서 매출원가를 뺀 것을 '매출총이익'이라고 한다. 도매업처럼 제조가 아닌 매입에 의해 매출이 발생한 제품이 매출원가가 되는 경우에는 그만큼 이익이다. '매출총이익률'(100퍼센트 - 매출원가율)의 움직임은 매우 중요한데, 그 때문에 도매업이나 소매업에서는 "이익은 밑천에 달려 있다"고 말한다.

'영업이익'은 매출총이익에서 판매대금 및 일반관리비를

뺀 것이다. 기업의 운영상 나타나는 수익을 나타내며 금리 등의 영업외수익이나 영업외비용을 더하거나 뺀 것은 '경상이익'이 된다.

이자가 발생하는 부채가 많고 지불해야 할 금리가 많으면 영업이익이 흑자라도 경상이익이 적자인 경우가 있다.

경상이익에서 일과성이익이나 손실인 특별이익, 특별손실, 세금 등을 계산한 것이 '당기순이익'이다.

(7) **영업 캐시플로, 프리 캐시플로** : 기업이 영업단계에서 벌어들인(혹은 잃어버린) 캐시플로를 '영업 캐시플로'라고 한다. 장기적으로 영업 캐시플로가 플러스 상태가 아니면 기업의 존속 자체가 어려워진다.

반면, '프리 캐시플로'는 기업이 자유롭게 사용할 수 있는 캐시플로를 말한다. 일반적으로 '영업 캐시플로-투자 캐시플로'라는 공식이 쓰이고 있지만 '영업 캐시플로-현재의 사업 유지를 위한 캐시플로'라는 정의를 사용하는 전문가도 있다.

(8) **이익, 캐시플로** : 이익을 내고 있는 상태에서는 영업 캐시플로도 흑자일 것으로 생각하기 쉬우나 (5)의 설명과 관련해 외상매출금 등이 증가하면 영업 캐시플로는 적자를 기록

하는 경우가 생길 수 있다.

영업 캐시플로의 적자요인으로는 외상매출금이나 수취어음의 증가 이외에 재고의 증가를 들 수 있다. 한편 외상매입금의 증가는 캐시플로에서 플러스 요인이 된다.

이익과 캐시플로는 서로 달라 이익은 내고 있지만 캐시플로 부족으로 도산하는 '흑자도산'이 발생할 수 있다.

(9) **재무회계, 관리회계** : '재무회계'란 기업이 외부의 이해관계자를 위해 개시하는 회계를 말한다. 회사법이나 상장기업이라면 금융상품거래법 등에 근거해 대차대조표, 손익계산서 등의 재무제표를 작성한다.

'관리회계'는 기업 내부의 중요한 경영지표로 삼기 위해 만드는 회계다. 'EVA경제부가가치'나 교세라의 '아메바 경영'으로 유명해진 '인시생산성' 등이 유명한데, 정해진 법칙 없이 각 기업에 알맞은 지표를 만들어 활용하면 된다.

(10) **시가時價회계** : 시가회계는 모든 국제회계 기준의 일환으로 도입한 것이다. 유가증권이나 금융파생상품이 대상이 된다. 분기말 시점에서의 부가簿價를 시가로 바꾸어 적는다. 이외의 자산에 대해서는 감손회계의 대상이 된다.

감손회계는 시가회계와 달리 자산의 가치가 감소한 경우, 부가를 평가절하하고 평가절상은 하지 않는다.

경제활동 관련 용어 15

(1) **경제성장률**

일반적으로 물가요인을 제거한 실질GDP의 증가율을 의미한다. 그런데 계절에 따라 경제활동이 다른 모습을 보이기 때문에 분기 GDP에는 계절적 요인이 포함되어 있다. 이에 따라 분기 GDP의 경우 계절성이 있는 원계열 GDP와 계절성을 조절한 계절변동조정 GDP를 함께 작성하여 발표한다.

성장률은 계절변동조정 GDP의 경우 전기대비로, 원계열의 경우 전년동기대비로 각각 계산하여 발표하고 있다.

(2) **경제활동인구**Economically active population

만 15세 이상 인구 중 조사대상 기간 동안 상품이나 서비스를 생산하기 위하여 실제로 수입이 있는 일을 한 취업자와 일을 하지는 않았으나 구직활동을 한 실업자를 말한다.

(3) **경제활동참가율**Labor force participation rate

만 15세 이상 인구 중 경제활동인구(취업자+실업자)가 차지하는 비율이다.

경제활동참가율(%) = 경제활동인구/15세 이상 인구 × 100

(4) **고용률**Employment to population ratio

만 15세 이상 인구 중 취업자가 차지하는 비율이다.

고용률(%) = 취업자/15세 이상 인구 × 100

(5) **근속년수**

근로자가 현 사업체에 입사한 날로부터 근속한 기간을 말한다.

근속년수에 ①수습 및 견습기간 등은 포함되나 ②휴직기간은 제외되며 ③해고 또는 퇴직후 일정기간이 경과되어 동일기업에 재고용되는 경우 이전의 고용 기간을 통산하여 근속년수에 포함시킨다. 기업의 명의변경, 분할, 합병 등으로 명칭이 변경되어 형식적인 해고, 재고용의 수속이 이루어졌다 해도 실질적으로 계속 근무한 경우는 전후의 기간을 통산한다.

(6) 기본급

근로계약, 취업규칙, 단체협약 등에 의하여 소정 근로시간 또는 법정 근로시간에 대하여 지급하기로 정해진 기본 임금을 말한다. 연봉제는 기본연봉을 월액으로 환산(기본연봉/12)한 것이다.

(7) 기타수당

통상 임금에는 포함되지 않으나 임금으로 볼 수 있는 수당(연·월차 유급휴가 근로수당 포함)을 말한다. 다만 근로기준법 등에 의하여 지급되는 연장 근로수당, 야간 근로수당, 휴일 근로수당 및 취업규칙 등에 의하여 정해진 휴일에 근로한 대가로 지급되는 휴일 근로수당은 초과근무수당에 포함되므로 기타수당에는 포함되지 않는다.

(8) 노동비용

사용자가 근로자를 고용함으로써 발생하는 제반비용을 말하며, ①현금급여 ②현물지급의 비용 ③퇴직금 등의 비용 ④채용 관련 비용 ⑤교육훈련비용 ⑤법정복리비용 ⑥법정외 복리비용 ⑦기타 노동비용이 포함된다.

(9) 노동생산성

노동투입량 1단위(시간 또는 사람)당 산출량으로 물적 노동생산성(전산업생산지수)과 부가가치 노동생산성(불변GDP지수)으로 구분하여 사용한다. 1인당 소득과 직접적인 관계가 있으며 노동생산성 측정치에는 노동생산성의 변동뿐만 아니라 기술변화 등과 같은 여러 가지 요인이 반영되어 있으므로 분석할 때 주의를 요한다.

일반적으로 물적 노동생산성은 생산효율, 기술수준 등을 평가하는 데 이용하고, 부가가치 노동생산성은 임금지불능력, 노동소득분배 등을 평가하는 데 이용된다.

(10) 비경제활동인구Economically inactive population

만 15세 이상 인구 중 조사대상 기간에 취업도 실업도 아닌 상태에 있는 사람으로 주로 가사 또는 육아를 전담하는 주부, 학교에 다니는 학생, 일을 할 수 없는 연로자 및 심신장애인, 자발적으로 자선사업이나 종교단체에 관여하는 사람 등이 해당된다.

⑾ 상대적 빈곤율

중위소득의 50%를 빈곤기준선으로 잡아 이에 미치지 못하는 인구의 비율이다.

⑿ 실업률[Unemployment rate]

경제활동인구(취업자+실업자)에서 실업자가 차지하는 비율이다.

실업률(%) = 실업자/경제활동인구 × 100

⒀ 실질GDP

한 나라 안에서 생산된 최종 생산물의 가치를 기준연도 가격으로 측정(=불변가격GDP[GDP at constant prices])한 것으로 경제성장, 경기변동 등 전반적인 경제활동의 흐름을 분석하는 데 이용된다.

(14) 명목GDP

한 나라 안에서 생산된 최종 생산물의 가치를 그 생산물이 생산된 기간 중의 가격을 적용하여 계산(=경상가격GDP GDP at current prices)한 것으로 국가경제의 규모나 구조 등을 파악하는 데 사용된다.

(15) 초과급여

근로기준법상의 근로시간을 초과하는 근로(시간외근로)로 인하여 추가로 지급되는 급여를 말하며, ①연장 근로수당(근로기준법에서 정한 기준 근로시간을 초과하여 근로한 경우에 지급하는 수당으로 통상임금의 100분의 50 이상을 지급) ②야간 근로수당(오후 10시부터 오전 6시 사이에 근로한 경우에 지급하는 수당으로 통상임금의 100분의 50 이상을 지급) ③휴일 근로수당(휴일에 근로한 경우에 지급하는 수당으로 통상임금의 100분의 50 이상을 지급)으로 구성된다.

사무실 내기에서 이길 확률을 높이는 전략

오후가 되면 나른해지는 사무실, 슬슬 배도 고파져 사람들은 너도나도 간식거리를 찾는다. 오늘은 색다른 걸 먹어보자며 예산을 세우고 돈을 모으는데 맨날 부장님에게 내라고 하기에도 눈치 보이고 막내는 심부름하는데 돈까지 내기에는 억울한 생각이 든다. 그럴 때 자주 쓰는 방법은? 바로 사다리타기이다. 사무실에서 사다리타기처럼 모든 이가 흔쾌히 수긍하며 순순히 지시에 따르는 내기 방법도 없다.

그런데 사다리타기는 정말 그렇게 공정한 건가? 아무 조작도 없으며 그 어떤 부정도 끼어들 여지가 없는 건가? 그런데 왜 나는 다른 사람보다 더 많이 걸리는 걸까?

결론부터 말한다면 별다른 생각 없이 직감에만 의존해

번호를 찍는다면 내기에서 이길 확률은 매우 낮아진다.

별것에 다 증명과 실험을 해보는 수학자와 과학자들은 사다리타기에도 1,000번의 시뮬레이션을 해 진짜 당첨 확률을 알아보았다. 1번부터 8번까지의 번호가 있는 사다리타기를 그리는데 한 명이 사다리 맨 아래 한 지점에 당첨자 표시를 한 뒤, 그 표시를 가리고 나머지 사람들이 완전 무작의적으로 가로선을 그렸다.

시뮬레이션 결과 1,000번 중 당첨될 확률은 다음 페이지의 그림과 같다. 이상하게 사람들은 사다리타기를 하면 양쪽 끝선을 먼저 선택하는 경우가 거의 없다. 그러나 중앙부보다 양쪽 끝의 당첨 확률이 현저히 낮다. 수학을 모르면 사무실 내기에서도 '요즘 내가 운이 없네' 하며 매번 돈을 내고 심부름을 다닐 수 있다.

물론 실제가 실험 상황과 완전히 똑같을 수 없으니 확률도 달라지고 아무리 확률이 낮더라도 내가 당첨될 가능성은 여전히 존재한다. 하지만 수학을 알면 불확실한 상황에서도 나름 꾀를 발휘해 위험성을 낮출 수 있다.

출처 -《빅데이터를 지배하는 통계의 힘》

사다리타기의 번호별 당첨 확률

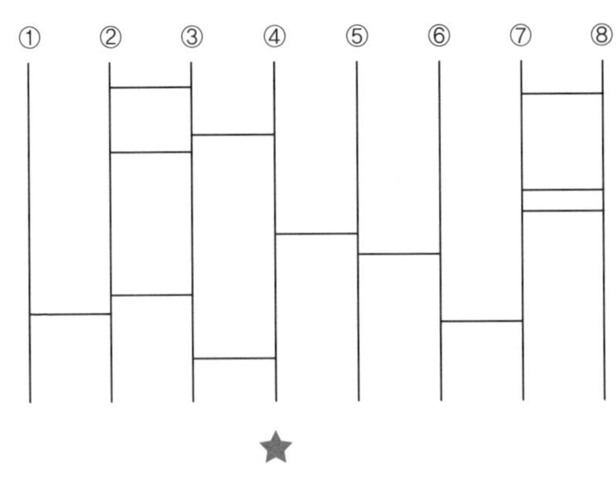

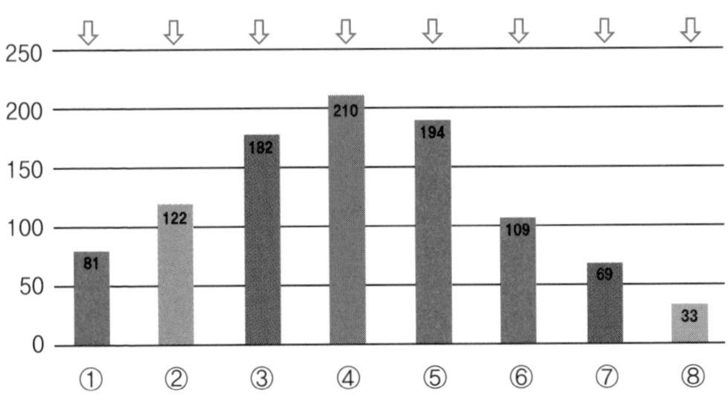

1,000번 중 당첨되는 경우의 수

똑똑하게 더치페이하는 법

신나는 금요일 퇴근 후, 직장 동료들과 가볍게 한잔하기로 했다. 삼겹살에 소주로 한 주의 피곤을 털고 슬슬 자리를 정리할 시간이다. 모두 주머니 가벼운 월급쟁이니 술값은 깔끔하게 더치페이를 하기로 결정했다. 당신은 스마트폰을 꺼내 전자계산기를 두드리려 한다. 하지만 잠깐! 그것으로 어떻게 계산을 할 것인가?

5명이서 19,220엔을 더치페이하기로 했다. 2명은 여성이므로 좀 깎아줄 생각이다. 자, 당신이 총무(남성)라면 어떻게 할 것인가?

1인당 금액을 계산하고 싶은 것이니 19,220÷5=3,844엔,

여성은 좀 깎아줄 생각이니…… 여성 1명당 3,500엔이라고 하면 344엔의 차액이 생기니까 남성은……. 이런 식으로 계산하려면 머리에 쥐가 날 것이다. 좀 더 멋있게 계산할 수는 없을까?

먼저 생각해보자. 앞에서 이야기한 계산 방식이 왜 머리에 쥐가 날 것 같은지 말이다. 혹시 여러분은 무슨 일이든 깐깐하게, 정확하게 처리하는 타입인가? 엄밀하게 하는 것이 '옳다'고 생각하는가? 더치페이를 멋지게, 그리고 스마트하게 하는 포인트는 바로 이것이다.

일단 '대충' 계산한다!

구체적으로 설명해보겠다. 총액 19,220엔은 대충 20,000엔으로 어림잡는다. 그렇게 하면 5명이 내야 할 각각의 금액은 단순한 나눗셈으로 20,000÷5=4,000엔이 된다. 그다음 여자를 고려하면 20,000-19,220=780엔이 차액이므로 390엔씩 돌려주면 된다. 그러나 390엔이라는 금액은 좀 찝찝하다. 그렇다면 한 번 더 대충 계산해서 400엔씩 돌려주자. 20엔의 오차는 총무가 남자답게 부담하면 된다. 이렇게 똑똑한 더치페이로 술값을 계산하면 술자리는 깔끔하게 정리된다.

출처 -《회사에서 꼭 필요한 최소한의 수학》

연습문제에 나온 중요한 숫자 : 일본편

· 일본의 인구 : 약 1억 2,770만 명(2007년 기준)

· 일본의 노동인구 : 약 6,750만 명(그중 15퍼센트가 60세 이상이고 실업자수에서 250만 명을 뺀 것이 취업자수다)

· 국가예산 : 약 83조 엔(2009년 기준, 전년대비 1,500억 엔 증가)

· 연금 수령자수 : 국민연금 2,395만 4,000명, 후생연금 2,315만 명 6,000명(2006년 말 연금재정 홈페이지 발표)

· 출산율 : 1.31명(합계특수출산율 2006년)

· 일본의 세대수 : 4,678만 2천 가구(2005년 조사)

· 자동차 등록 대수 : 7,885만 대(2006년 5월)

· 연간 도서 매출 : 약 9,026억 엔(2007년 출판과학연구소 발표)

· 통신 3사의 연간 매출총액 : 10.67조 엔(2007년 3월, 휴대

폰 이외의 사업 포함)

· 편의점 1인당 평균 구입액 : 579.8엔(2007년 12월 일본 프랜차이즈 체인협회 발표)

· 연간 개인 소비총액 : 약 290조 엔(GDP의 약 55퍼센트)

· 수출총액과 수입총액 : 수출 77.5조 엔 / 수입 68.4조 엔(2006년)

· 미국의 인구 : 3억 1,887만 명(미국세조사국 추계)

· 미국의 GDP : 16조 7,242억 달러(2013년 기준)

· 중국의 GDP : 8조 9,393억 달러(2013년 기준)

· 전 세계 GDP : 약 12조 3,500억 달러(2012년 기준)

· 전 세계 인구 : 약 71억 명(2013년 집계)

· 일본의 재정적자 : 정부와 지방재정, 중장기 부채만 계산하면 약 800조 엔

· 신생아수 : 109만 명(2007년 기준)

· 65세 이상 노인수 : 2,753만 명(2007년 기준)

연습문제에 나온 중요한 숫자 : 한국편

· 인구 : 약 5,000만 명(50,423,955명, 통계청 발표 2014년 8월 기준)

· 취업자수 : 약 2,500만 명(2014년 현재)

· 노동 소득분배율 : 61%(2013년 기준)

· 명목GDP : 약 1,428조 원(2013년 기준)

· 실질GDP : 약 1,380조 원(2013년 기준)

· 임금근로자의 월평균 임금 : 약 311만 원(2013년 기준)

· 취업자수 : 약 2,560만 명(2014년 기준)

· 국내 매출총액 / 급여총액 : 약 4,332조 원 / 약 371조 원(2012년 기준)

· 부가가치율 : 법인사업자 25.3% / 일반사업자 29.3%

· 국가예산 : 약 322조 원(2012년 기준)

· 연금 수령자수 : 519만 명(2014년 기준)

· 출산율 : 1.19명(2013년 기준)

· 세대수 : 약 1,700만 세대(2010년 기준)

· 자동차 등록 대수 : 1,887만 대(2012년 기준)

· 연간 도서 매출 : 1조 6,772억 원(7대 대형서점, 2013년 기준)

· 통신 3사의 연간 매출총액 : 16조 7천억 원(2008년 기준)

· 수출총액과 수입총액 : 수출 5,552억 원/ 수입 5,244억 원(2011년 기준)

· 재정적자 : 약 359조 원(2009년 기준)

· 신생아수 : 약 43만 명 (2013년 기준)

· 65세 이상 노인수 : 약 638만 명(2014년 기준)

그래도 여전히 숫자는 어렵다

지금까지 '숫자력'에 대해 이야기했다. 직업적인 특성상 매일 거시경제와 미시경제를 포함한 숫자, 특히 경제·경영에 관련된 숫자를 수도 없이 접하고 있는 나 역시 숫자는 늘 어렵고 까다롭게 느껴진다.

최근 들어 일본 TV 〈주간 오리엔탈 라디오 경제백서〉라는 프로그램의 게스트로 가끔 출연하곤 하는데, 상품가격을 맞히는 '스트리트 High or Low' 코너에서 나는 좀처럼 답을 맞히지 못하고 있다.

사실 퀴즈에 나온 문제는 일반적인 상식으로는 맞히기 어렵다. 예를 들면 "우에노上野에 있는 사이고 다카모리西鄕隆盛(메이지유신의 중심인물)의 동상이 설치될 당시 가격은 1만 엔보다 높을까 낮을까?"와 같은 식이다. 메이지 30년대(1897년경)

의 실제 물가를 모르고서는 결코 맞힐 수 없는(당시 교사의 첫 임금이 8엔이라는 힌트가 나오긴 했지만) 까다로운 문제다.

그 문제가 나왔을 때 나는 평소 습관대로 현재 물가로 계산한다면 당시 금액의 약 3만 배 정도일 것이라고 예상했다. 왜냐하면 요즘 교사의 초봉이 20만 엔 정도이니 급여의 차이는 약 3만 배가 된다. 따라서 동상의 가격이 1만 엔이었다고 가정하면 지금의 시세로 3억 엔 정도 하는 셈이다. 여기까지는 순조로웠지만 마지막 단계에 함정이 있었다.

나는 지금까지 단 한 번도 동상을 사본 적이 없기 때문이다.

그래도 3억 엔은 넘지 않겠지 싶어서 Low를 선택했지만 결과는 오답. 당시 2만 엔이 넘는 가격이었고, 현재 시세로 따지면 7억 엔 이상이라고 한다.

생각난 김에 하나 더 소개하자면, "도쿄 우에노上野 동물원에 있는 오리보트(페달을 밟으면 앞으로 나가는 동력보트)의 가격은 얼마일까?"라는 문제도 있었다. 물론 이번에도 나는 정답을 맞히지 못했다.

정답이 70만 엔이었던 것으로 기억하는데, 솔직히 그렇게 비쌀 줄은 꿈에도 몰랐다. 이렇게 책을 통해 숫자력에 대해 이야기하고 있는 나 자신에게조차 여전히 숫자는 어렵다.

쉽게 접하기 어려운 상품의 가격은 두말할 나위 없다. 아무리 노력해도 자신만의 감각으로 어림짐작하는 선입견이 작용하고 마는 것이다.

집념이 아닌 신념으로 숫자를 들어라

숫자로 사고하는 일 자체에 어려움을 느끼는 사람이 있는 반면, 숫자를 구하는 데 집념을 보이는 사람도 있다. 오래 전 일이긴 하지만 분식회계로 물의를 빚은 라이브 도어livedoor Co.,Ltd.(주가조작으로 도쿄지검의 수사를 받은 일본의 인터넷 미디어 기업 – 옮긴이)의 경우를 보아도 모든 것은 숫자와 숫자, 돈과 돈으로 빚어진 결과라고 할 수 있다.

시험에서의 숫자인 점수도 마찬가지다. 수단을 가리지 않고 무조건 점수만 올리면 된다고 생각하는 사람이 주변에 적잖이 눈에 띈다.

나는 돈을 벌거나 점수를 올리는 일에 대해 부정적인 시각을 갖고 있지는 않다. 물론 기업과 사람 모두 이익을 내야 하고, 학생은 좋은 점수를 받아야 선택의 폭이 넓어진다.

하지만 숫자 자체가 '목적'이 되어서는 안 된다고 생각한다. 숫자는 어디까지나 '결과'로 제한되어야 한다.

시험점수는 열심히 공부한 결과이며, 기업의 실적은 고객에게 좋은 상품이나 서비스를 제공한 결과, 좋은 일을 한 결과인 것이다.

나의 스승이자 정신적 지주인 故 후지모토 고호藤本幸邦는 늘 이렇게 강조했다.

"돈을 쫓지 마라, 일을 쫓아라."

좋은 일을 하면 결과는 자연스럽게 따라오는 법이다. 반대로 말하면 "원하는 결과를 내기 위해서는 제대로 일해라"는 뜻일 것이다. 과정은 무시한 채 성과만 올리려고 애써봤자 아무 소용이 없다.

마찬가지로, 숫자는 집념이 아닌 신념으로 얻어져야 한다. 기업은 정당한 활동을 통해 지속적으로 매출을 확대하고 성장시켜야 한다. 그렇다면 그토록 중요한 매출이란 무엇일까?

그것은 기업과 고객, 시장과의 접점이라고 생각한다. 다시 말해 좋은 상품이나 서비스를 제공하고 고객으로부터 받는 대가인 것이다. 따라서 제대로 일하면 매출은 자연스럽게 오르게 되어 있다.

매출이 떨어지면 흔히 "조금 더 노력해서 올려라" 혹은

"근성을 발휘해라"라고 말한다.

그러나 '매출하락'은 그 기업의 위상이 떨어지는 것을 의미할 뿐 근성의 문제가 아니다. 올바른 과정을 거쳐 일하지 않았기 때문에 문제가 생기고 매출이 떨어지는 것이다. 반대로 매출상승은 제대로 일해서 사회에 공헌하고 있다는 증거다.

집념이나 근성이 아닌, 객관적인 성과로 매출을 올려보자. 매출증가는 옳은 일이라는 신념을 갖자. 신념을 가지고 숫자를 높이는 것은 매우 중요하다.

독자 여러분이 숫자력을 익히고 좋은 일을 많이 만들어 가는 데 이 책이 조금이나마 도움이 되기를 진심으로 기원한다.

더불어 기획과 원고 작성에 많은 도움을 준 디스커버리 출판사의 호시바 유미코干場弓子 사장에게 감사의 인사를 전하고 싶다. 그녀가 아니었다면 이 책은 완성되지 못했을 것이다.

고미야 가즈요시

zero

one

two

three

일 잘하는
사람으로 보이는
숫자력

초판 1쇄 발행 2015년 10월 2일
개정판 1쇄 발행 2019년 2월 25일

지은이 고미야 가즈요시
옮긴이 정윤아
펴낸이 이범상
펴낸곳 (주)비전비엔피 · 비전코리아

기획 편집 이경원 심은정 유지현 김승희 조은아 김다혜
디자인 김은주 이상재
마케팅 한상철 이성호 최은석
전자책 김성화 김희정 이병준
관리 이다정

주소 우)04034 서울시 마포구 잔다리로7길 12 (서교동)
전화 02)338-2411 | **팩스** 02)338-2413
홈페이지 www.visionbp.co.kr
인스타그램 www.instagram.com/visioncorea
포스트 post.naver.com/visioncorea
이메일 visioncorea@naver.com
원고투고 editor@visionbp.co.kr

등록번호 제313-2005-224호

ISBN 978-89-6322-142-7
978-89-6322-140-3 (set)

· 값은 뒤표지에 있습니다.
· 잘못된 책은 구입하신 서점에서 바꿔드립니다.

이 도서의 국립중앙도서관 출판시도서목록(CIP)은 서지정보유통지원시스템 홈페이지(http://seoji.nl.go.kr)와 국가자료공동목록시스템(http://www.nl.go.kr/kolisnet)에서 이용하실 수 있습니다.(CIP제어번호: CIP2018040232)